THE 5

秒法则

SECOND
RULE

[美]梅尔·罗宾斯（Mel Robbins）◎著

李佳蔚◎译

湖南文艺出版社
HUNAN LITERATURE AND ART PUBLISHING HOUSE

博集天卷
CS-BOOKY

只需 5 秒！用史上最简单粗暴的方法战胜拖延症

拖延症是人类的世纪难题之一。你要是在网上书城搜索"拖延症"三个字，会跳出上百个条目，都是关于拖延症的书。一般的书会从拖延症的原理讲起，从心理学和生理学的角度做分析，教给你各种各样的方法。网上还有克服拖延症的互助小组，大家一起抱团取暖、互相监督去战胜拖延症。

不过，本书所讲的"5 秒法则"跟那些讲拖延症的传统书没什么关系，这个方法也一点都不高深。相反，它可能是史上最简单粗暴的克服拖延症的方法了。

比起那些动辄研究拖延症几十年的学者，梅尔·罗宾斯发现"5 秒法则"的过程就如同天上掉馅饼。她也因为实践"5 秒法则"，从本来一事无成的重度拖延症患者一跃成为风生水起的人生赢家。

你也许会想："5 秒法则"太过简单，简直是在侮辱我的智商。但不要忘记了，罗宾斯可是因此登上过 TED 演讲舞台的。很多人也因为"5 秒法则"彻底改变了人生——有位叫作布赖斯的年轻人，他通过"5 秒法则"克服了拖延，用两年时间写完了一本书，著名书商邦诺甚至还为他开了一场个人签售会；而他开签售会的时候，只有 15岁。类似的例子还有很多，上到退休的老人，下到十几岁的青少年，很多人都通过这个方法完成了以前做不到的事情。这也是为什么这本《5 秒法则》出版之后大受欢迎，成了全美热卖的畅销书的原因。

为什么这样一个简单粗暴、看起来毫无技术含量的"战拖"方法，能够如此有效呢？背后有科学依据吗？

没错，的确是有的。就以起床为例，早上闹钟响的时候，很多人都不想起床。当然，不想起床的原因可能有很多，比如，昨天没睡好，或者外面下雨了适合睡懒觉。但不管是什么原因，最终是"我不想起床"这个感受，决定了我们继续赖床的行为。

"5秒法则"之所以能够成功，是因为它刻意屏蔽了你的感受，逼着你必须行动。举个例子，你走在大街上，突然看到前面有个美女。你偷偷看了半天，觉得这美女越看越喜欢，特别想上去搭讪认识一下。这个时候，你的需求就出现了：你想去搭讪这个美女。但接下来，你通常不会直接上去搭讪，而是会生出各种各样的想法，比如，我直接上去搭讪会不会被当成神经病？我今天出门没洗脸，会不会被美女嫌弃？之后你就很有可能退缩了，想想还是算了，不要自讨没趣。所以，你的需求和行动之间并不是直接关联的关系，它们中间还隔了一层：你的感受。

"5秒法则"，就是在你的需求出现的时候，屏蔽掉你的感受，将你的需求和行动进行直接关联。这个步骤被称为"夺回对你自己的控制权"。

据学者研究，克服拖延症最好的方法之一，就是制造一个所谓的"发起仪式"。当你开始拖延的时候，通过这个仪式，停止拖延的行为，重新夺回对自己的控制权。而梅尔·罗宾斯歪打正着发明的这个"5秒法则"，就是一个完美的"发起仪式"，它会刺激你大脑的前额皮质，即大脑里负责行动和注意力的部分，以促使你做出行动。

罗宾斯后来还研究发现，"5秒法则"不光刺激了我们大脑的前额皮质，还刺激了我们的基底核、活化能、神经可塑性等等。

通常情况下，我们要改变自己的原有状态，所需要的启动能量会特别巨大。比如，本来躺在沙发上看电视很舒服，但如果突然要站起来去找本书看，你不仅需要打破身体上惬意舒适的状态，还得从心理和视觉上克服电视节目对你的吸引。那么，做出这个改变所需要耗费的能量就很大，我们就不容易做出改变。

这个改变原有状态所需要的能量，就是所谓的"活化能"。著名心理学家米哈里·契克森米哈赖就提出，对于我们平常工作和生活中的好习惯，我们应该刻意减少它们的活化能，对于那些坏习惯，应该刻意提高它们的活化能。

比如，你如果真的想培养多看书的习惯，就应该尽量把书架放在离沙发近的地方，最好是躺在沙发上就能够到。否则，你还需要起身，走到书房，拿了书再回来。所需要的启动能量太大，你就不容易克服其中的阻力。之所以"5秒法则"对我们有效，是因为这样一个"发起仪式"其实是在额外为我们提供启动能量，从而打破阻力，发起行动。

其实，需求和行动之间的关系本来就很简单，你发现了有什么需求，就应该直接去做。但我们往往会因为自己的感受和心情，把需求和行动之间的关系弄得复杂，比如，我累了，我困了，我没心情了，我想玩一会儿了。越是复杂，你越不容易真正行动起来。而这个"5秒法则"就是通过屏蔽掉你的心情和感受，把中间的复杂过程简单化。

这么想想，其实也挺有道理的——我们本来就不应该太在意自己的感受。毕竟，员工不能等有了心情才开始工作，演员不能等有了状态才进入角色。

远读重洋　孙思远

这是关于 5 秒法则的神奇故事

它是什么，为何能如此神奇，你能看到来自五湖四海的朋友的故事，他们利用 5 秒法则在短时间内取得关键的改变一生的成功。

本书的故事都是真人真事。
当事人的名字都是真实的，没有化名。
书中的截图都来自各社交媒体真实的发文。

我恨不得立刻与你分享这本书，看你解锁自身那股伟大的力量。

5，4，3，2，1，去吧！

祝好
梅尔·罗宾斯

目录

c o n t e n t s

每日勇气

勇气即有能力去做那些让人畏难、害怕，以及不确定的事情。

这种能力不只是为少数人所垄断。

勇气是一种与生俱来的权利。它深藏我们心中。
等待着你去挖掘。

一个勇敢的举动能改变你的一天；
这一天会改变你的生活；而一个人的生活可以撬动整个世界。

这就是勇气的真正力量；它唤醒了你。
让你找到最好的自己。

去挖掘你的勇气吧，当你具备勇气之时，你就有能力完成和体验任何你所梦想的事。

的确，只要有勇气，你甚至能让世界因此改变。

5 秒法则是什么

第1章

改变生活只需5秒

如果你担心

有谁会彻底改变你的生活

那么请照照镜子，有能力改变的只有你

你将要学习的东西可谓意义非凡——只需5秒钟，就能改变你的生活。这听起来就像是唬人的吧？不不不，这是科学。我可以证明给你看，那些影响你一生的决策往往只花5秒。事实上，这正是你可以改变的。

我会告诉你5秒法则的真实故事：它是什么，为什么会起作用，它如何改变了世界各地人的生活。这条法则很容易学，而且影响深远。这是从头焕然一新的秘密。这条法则随学随用，它有助你的日常生活、感情和工作，让你更有信心和勇气与他人交流。只要你需要，这项法则随时都能给你支持。

创立这条法则的时候，我正值人生的四面楚歌：婚姻、财务状况、事业和自尊心都一团糟。当时生活太过艰难，以至于每天起床都需经历一场自我斗争。实际上，这就是我发现 5 秒法则的初始，5 秒法则帮助我战胜自己，改掉了一次次按掉闹钟的坏习惯。

早在 7 年前，在第一次使用这个法则的时候，我觉得它很傻。我对这项强大的元认知技巧毫不知情，甚至不知道它在后来能改变我人生的所有，包括我的生活、工作和自我意识。

自从发现了 5 秒法则和 5 秒决策的力量以后，我身上的变化简直难以置信。我不仅战胜了被窝，成功起床，还撼动了整个人生。利用这个工具，我对生活各方面都有了把控感，我慢慢改善了自信心、资金流、婚姻、事业，以及管教子女的方式。通过这个方法，我从经常遭遇支票跳票到银行存款达至 7 位数、从夫妻争吵不断到一起甜蜜庆祝 20 周年。我治愈了焦虑症，做了两个小生意随后卖出，加入到美国有线电视新闻网团队和《成功》杂志社，如今我已是世界上出书最多的讲者之一。至此，我感受到了从未有过的控制感、幸福感和自由感。没有了这项 5 秒法则，我取得不了这么多成就。

5 秒法则让我改变了一切，而它教会我改变的方式则是：知道如何做出改变。

这条法则改变了我过度思考小举动对行动的偏见。我用这个方法进行自我调节，让我变得更活在当下，提高了做事效率。5秒法则也让我停止怀疑，相信自己，相信自己的想法，相信自己的能力。这项法则也给了我更多内在力量，让我成就更好的、更快乐的自己，不为他人，只为我自己。

这条法则也适用于你，所以我很高兴与你分享。在接下来的几章中，你将了解5秒法则背后的原理，它是什么、为什么会起作用，以及支撑它的种种高可信度科学。你会发现日常生活中的5秒决策和每日做出的勇气改变会撬动你的人生。最后，你会了解如何通过使用5秒法则与最新的科学证实策略，促进身体健康、提升幸福感以及工作效率。你也将学会如何停止担心、控制焦虑，找到生活的意义，战胜你心中的恐惧。

不仅如此，你还能看到很多真实案例。这本书结合了真实的社交媒体发文，以及各种一手资料，这些资料全是世界友人利用5秒法则创造奇迹的故事。从小来说，5秒法则帮助你准时从床上爬起来；往大来说，它能发挥更深远的影响——唤醒你的内在天赋、你的领导力，说不定是你体内的摇滚巨星、运动健儿、艺术家甚至是变革推动者。

当你第一次学习这个法则时，你可能会用它来坚持目标。比如像玛格丽特那样在"不想动"的时候逼迫自己去健身房。

玛格丽特

今日计划的第一件事就是去跑步机上锻炼，但一觉醒来不想行动，随后我就想到了
@ 梅尔·罗宾斯的 5 秒法则。

或者你可以利用这个法则在工作中变得更有影响力。另一位朋友马尔第一次使用法则时是这样的——他鼓起勇气与老板谈论他的职业目标（这是我们很多人不敢做的事情）。多亏了这条法则，他不仅做到了，而且还做得很好。

马尔·扎克门

@ 梅尔·罗宾斯，今天我迈出了一大步。我向老板提起我的职业目标，他听后表示完全支持我！谢谢你。@ 梅尔·罗宾斯 ☺☺
#5 秒法则 #

这项法则的另一独特之处在于——我创造了这项法则，但它不是我独享的法则。在这本书里，除了我的故事，你还能看到世界各地朋友的故事，他们也许有着各自不同的生活状态，但都在或大或小的事情里运用 5 秒法则，来掌控自己的生活。他们丰富的故事经

验会让你体会到这项法则无边无际的适用性，以及它带来的各种真
实益处。

　　你可以用5秒法则提高效率。在了解5秒法则之前，劳拉曾有
一串永远做不完的待办事项，她很少行动起来，却为自己寻找借口，
活得像个浑蛋。现在，她不再为自己寻找借口，她要做的只有行动。
现在，她的现金流转提升至每月4000美元、拿到了学士学位、进行
了几次4000英尺的徒步旅行。下一步，她的计划是跑马拉松。

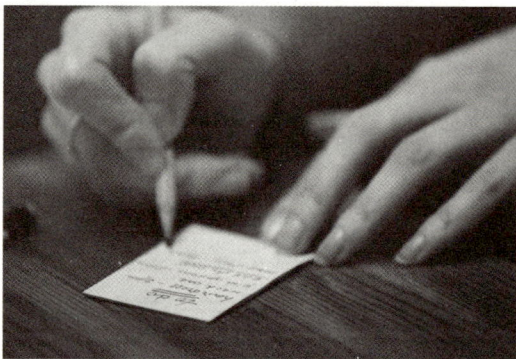

> 😆 **劳拉**
>
> 我听了你上个冬季的演讲，你对我说不要再活得像个浑蛋了，于是
> 我终于做到了！！！谢谢你，把我内心的那个浑蛋赶走了！

　　你可以利用5秒法则跨出你的舒适区，让你的社交更有效用。
肯在参加全国项目管理机构研讨会的时候运用了5秒法则，认识了

不少"有影响力的大咖",马修则利用 5 秒法则主动联系了几位自己未曾谋面的首席高管。艾伦利用 5 秒法则在职业高尔夫球巡回赛里结识了不少人,成功地把握住了这千载难逢的好机会。

肯·里奇斯

@ 梅尔·罗宾斯 非常欣赏你在周六全国项目管理机构研讨会上的演讲。今天我就使用了 3 次 5 秒法则!

梅尔·罗宾斯

@ 肯·瑞切斯 你是怎么做的?!

肯·里奇斯

@ 梅尔·罗宾斯 两次是在我向大咖们做自我介绍的时候,还有一次是激励自己起床,在上午把工作都完成了。

马修·史密斯

@ 梅尔·罗宾斯 为争取采访,今天通过朋友介绍,给几个首席高管发邮件了,而且均得到了回复。5 秒法则万岁!

艾伦

@ 梅尔·罗宾斯 我今天在职业高尔夫球巡回赛里干得不错！利用 5 秒法则，我认识了平日难以认识的人。# 今天发生了什么好事 #

你也可以用 5 秒法则进行自我约束和情绪管理。詹娜作为一名母亲，用 5 秒法则练习耐心对待孩子，不打骂孩子。同时，她的新直销业务也需要这项法则。这项法则让她不再去想推销"有多可怕"，鼓起勇气向顾客推销产品。

詹娜

梅尔你好！我刚开始学习 5 秒法则。我开始学着对孩子抱有耐心，不再打骂。5 秒法则让我在对孩子爆发前留有额外的思考时间。它还助成了我的生意，利用 5 秒法则，我开始向客户询问，与客户谈起生意。你说到，把注意力集中在获取答案上，而不是做这件事本身，这种想法对生意交流最为有效。就用 5 秒法则行动起来，不要再想了！！我非常喜欢听到你的声音！！！太好听了！谢谢你！！我要把 5 秒法则运用在生活中各个我想努力的方面！祝你有美好的一天！

一些备受尊敬的国际品牌高管正使用这项法则，帮助管理者进行变革、推动销售、建设团队和创新。拿联合服务汽车协会的克丽丝特尔来说，她的整个销售团队使用的就是 5 秒法则，结果非常棒——整个团队业绩跳至第一梯队。

> ☺ **克丽丝特尔**
>
> 我们的联合服务汽车协会团队都在使用 5 秒法则，截至现在，我们团队的业绩是公司第一！下面是你寄给我的一张表格，接下来，我还会继续跟进的。

　　5 秒法则非常容易上手，对于自信心的建立也非常重要。我见到许多像穆兹的管理者，正把这项法则传授给遍布世界各地的国际团队。

> ☺ **穆兹**
>
> 今天，团队所有人聚在一起观看 @ 梅尔·罗宾斯的 #TED 演讲 #。# 驱动力 ##5 秒法则 #
> 谢谢你，梅尔 :)

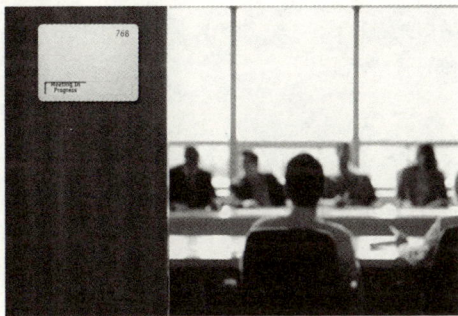

　　你也会从那些鼓起勇气、不再纠结、付诸行动的人的故事里获得启发。几十年来，马克一直在考虑为贫民区的孩子开办一个非营

利性的冰球联盟，他利用 5 秒法则把脑海里的想法转变为实际行动。现在，他同前奥运选手们和国家冰球联盟的盟友们结成合作伙伴，创立了各种训练营、诊所和联盟。

☺ **马克**

20 世纪 80 至 90 年代，我大部分时间都在国家冰球联盟工作。我一直为贫民区的孩子无缘参与冰球运动这件事感到遗憾，冰球运动对贫困家庭来说费用高昂，且不实际。

我脑海里一直有个设想，那就是通过街道行动把冰球运动带给贫民区的孩子，这将是冰球联盟的一段创举吧。但可惜的是，不断有各种"紧急事务"等着我处理，这个设想就一直没得到跟进。

在 2013 年，我看了梅尔·罗宾斯的 TEDx 演讲。在 21 分钟演讲的第 19 分钟里，梅尔向我们介绍了"5 秒法则"。

她说得太好了！

我立刻想到在脑海搁置已久的城市冰球计划，并将之付诸行动。很快，我得到了美国前奥运明星戴维·A. 詹森和波斯顿熊人队队友的力量，共同创立了"街道上的冰球"项目。目前这个项目的训练营、门诊部和联盟正在新英格兰市区如火如荼地建设着。

随着项目在城市的推进，上千名孩子得到了玩高价冰球的机会。但如果没有 5 秒法则，这个项目会永远被"紧急事务"所延误！
详情请见 www.dajhockey.com/summer-2016-urban-street-hockey-program.html

城市街道冰球 2016 年夏季项目
马萨诸塞州保护与休憩部门

5 秒法则同样是对抗成瘾和抑郁的强大武器。比尔在社交新闻网站的一个帖子上了解到了 5 秒法则。里面说到"在刚刚好的时机、刚刚好的场合，给了他正确的指引"。于是他用里面的"倒计时技巧"来戒酒，成效"惊人"。现在，他正过着自己的 40 岁生日，滴酒未沾。

> **〈**　　　　　　　　**比尔**　　　　　　　**•••**
>
> 我在社交新闻网站上偶然发现了你的 TED 演讲。你的演讲我大概看了 10 遍。如今我连续 5 天保持着清醒状态，而且越来越清醒了。谢谢你，在刚刚好的时机、刚刚好的场合，给了我正确的指引。
>
> 嘿！梅尔！！我现在过得很好。星期六我满 40 岁了，并且一直保持清醒！！！我参加了一些社交活动，并使用了倒计时技巧，效果惊人！！

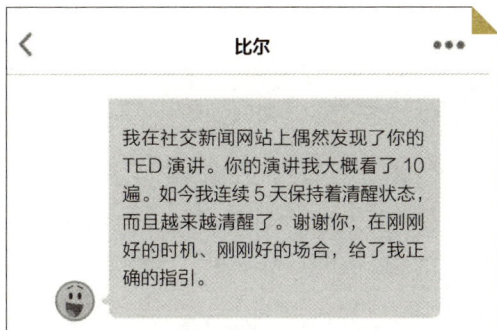

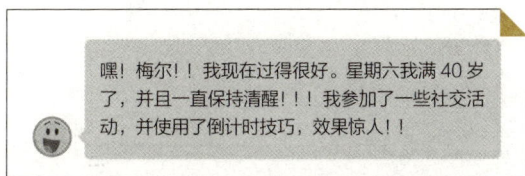

它甚至还挽救了生命。我的同事最近和我分享了关于 5 秒法则的深刻故事。他和妻子分手后，陷入了抑郁症中。病情非常严重时，他还"考虑过自杀"。在他最低谷的时候，他利用 5 秒法则里的技巧：放下重担，向人求救。通过在脑海里倒数 5，4，3，2，1，他从无法忍受的思绪中逃了出来，向他人求救，这一点救了他的命。

> 梅尔，希望一切都好。我这阵子一直想给你写信。我听了你几场演讲，和你约见了几次，还持续关注你的发文。我很清楚，你对我做的事非常重要。自从一年前和妻子离婚，我一直过得不好。状态差的时候我还考虑过自杀。但在情绪最低点的时候，我倒数 5，4，3，2，1，把情绪放下，转向他人求救。现在我过得很好，我重新找到了人生目标。我从没怀疑过你所做的这些事，和你给我带来的改变。5，4，3，2，1，走出去，度过美好的一天。祝好！

在运用 5 秒法则的这 7 年多时间里，我听到了世界各地人们的倾诉。我逐渐意识到，每天我们都会面临不少困难、不确定性和令人胆怯的时刻。你的生活需要勇气。这正是 5 秒法则帮助你的地方——鼓起勇气成就最好的自己。

5 秒法则，一个简单的工具是如何在各个领域展现强大力量的呢？

好问题。5 秒法则只在一个地方显露出成效，那就是你身上。你的内心蕴含着伟大的力量。即使在低谷，伟大的力量同样存在。这条法则会让你清楚地听到内心中伟大的声音，并鼓起勇气行动起来。

利用这条法则，我鼓起勇气，拾起被借口耽误了多年的事情。只有通过行动，我才能打开内心的力量，成为我所希望成为的那个人。我在电视、网络和舞台上展现的自信就是我所谓的"真正的自信"。

我学习着珍重起我的直觉，通过行动使之成真，从而建立真正的自信。我故意用"珍重"这个词。这就是你在践行 5 秒法则时所做的事。你珍重自己。你正主张着你的想法。每次你使用它的时候，你都离梦想中的自己更近了一步。我已经变成了那种只要心中有想法，就有信心分享、行动和追求的人。如果你始终如一地践行这条法则，你用行动来珍重你的本能，那么同样的转变也能发生在你身上。

马洛发现，用这个法则来改变自己非常容易。在学习这条法则后几天，她不再去"想"着报名课程，而是真正动手去报名了。这是她"长久以来一直想做的事情，但却一直被借口搁置"。

马洛

梅尔你好！我是成就者团队中一员，你在 9 月 14 日来到多伦多的教育咨询中心研讨会给我们做了一场改变人生、撼天动地的演讲。如今我买了你的书，就对它爱不释手了。事实上，你的书我看到一半，有天晚上我在床上读着你的书，我确实放下了书本，从床上爬起来连夜跑去约克大学报名课程。这件事我想了很久，但一直被借口拖延。当你想着你有能力推动自己的时候，事情就变得简单得难以置信和令人敬畏。太爱了！太爱你的书了！你的智慧成果值得在全世界普及。你在非常短的时间里给我带来如此大影响，到现在我还不知如何形容自我掌控感这极佳的感受。真诚希望你不久的将来有新书出版——来自一名粉丝的衷心感谢。

马洛

我觉得这个道理有必要让更多人了解。当你动手尝试的时候，你才会发现事情原来就这么简单，当时我就被自己吓到了。所以我觉得我需要走出这一步。也许你听说了不少类似的故事，但实话说，这是我多年以来一直拖延没去报名的两个课程。读着读着你的书我在想，我还在等什么呢？我要做的，只是下楼开车，开 30 分钟到大学报名。所以，我做到了！现在我报读了秋季学期和冬季学期的课程，满满的挑战带给我的却是兴奋感！我知道，当我克服了这项难关，我就会奔向下一个目标。我觉得自己终于做出了一些对自己有益的成就了，我也深信我有能力推动自己。这感觉真棒。能听到你的演讲真是我的荣幸，真的！你真是我的灵感启发者。

正如马洛所说："当你想着你有能力推动自己的时候，事情就变得简单得难以置信和令人敬畏。"

她说得对。一旦你用 5 秒法则把自己从空想中赶出来，并采取行动，你将会惊讶地发现，这 5 秒决策足以改变一切。

当5秒法则在生活中运用得越来越多时，我意识到从前每天的许多小决策都在使我退缩。在这5秒钟里，我可以决定保持沉默、观望等待、不尝试任何冒险。我本有一种行动的本能，但5秒之内，我的大脑就会用怀疑、借口、担心和畏惧将这本能扼杀在摇篮之中。**在这5秒里，"我"成了最大的问题，而通过推动自己，"我"本身就能成为解决方案。**改变的秘密一直在我眼前——那就是5秒决策。

你看过2005年大卫·福斯特·华莱士在凯尼恩学院的著名毕业典礼演讲吗？如果你没有看过这篇演讲，你可以在YouTube上找到，花20分钟观看绝对物超所值。

在这场演讲中，华莱士走到话筒前，用这个笑话开启演讲。

> 有两条小鱼在水里游着，它们碰巧遇到了一条大鱼从对面游过来，大鱼向它们点点头，说："早上好，孩子们，今天的水怎样？"

> 这两条小鱼迷惑地游了一会儿，最终一条小鱼说道："水？它说的是什么水？"

你可以听到视频里的笑声，然后华莱士点明了故事中的道理："最重要的、最显而易见的现实，往往是最难被发现和被人提起的。"

对我来说，最难发现和被人提起的是我们与生俱来的改变能力。我一直在想，为什么让自己做出行动会这么难，我明知这可以扩展我的事业，充实我的人际关系，使我的生活更加健康，可以改善生活，却还是如此地困难。5 秒法则的发现给了我价值百万的回答——改变源自每日的小小勇气，这些勇气助你做出立即行动的 5 秒决策。

你和焕然一新的生活只差一个决定的距离。

在这本书里，我将我学到的改变以及日常勇气的力量分享给你。你会喜欢上你所学。这本书最酷的部分就是践行法则后看到你做出的成果。你不仅能从床上起来，发现以往为自己拖了多大的后腿，更重要的是唤醒一直在体内的强大力量。

当你阅读书中的故事时，你甚至发现从前你可能运用过 5 秒法则。当你回想起人生，在一个个人生的重要时刻，我敢保证你所做的不少改变人生的决策都纯粹出自直觉。在这 5 秒钟里，你会做出我所说的"内心至上的决策"。**这时你还没把恐惧放在心上，你的勇气和自信正为你主导决策。正是这 5 秒钟的勇气，让一切变得不同。**

让我们看看凯瑟琳的例子。她在公司的管理领导力培训中第一次接触 5 秒法则，她意识到自己曾经在人生最重要的时刻利用了 5 秒法则，只是当时她并没有注意到。1990 年的时候，凯瑟琳的妹妹特蕾西被人杀害，她连忙赶回家帮忙。当时她所做的 5 秒钟决策不仅改变了她自己的人生，还影响了其他人。当时她决定，抚养特蕾西生前留下的两个孩子。

凯瑟琳

梅尔你好，

我一直在等你的新书。你的观点让我欣赏到相信直觉所能带来的一切美好。我的妹妹特蕾西在 1990 年被她丈夫所杀，留下了两个没有父母的宝宝：4 岁的丹和仅 18 个月的楚蒂，当时我回家帮忙……我还记得当我走进家门的时候，我还没见过这两个孩子，楚蒂蹒跚地走向我，给了我一个拥抱。在 5 秒钟之内我有了一个念头，那就是抚养他们，收养他们，去结婚，生下第 3 个孩子，现在，我已是楚蒂 3 个孩子的外婆了。5 秒钟的决策，不仅能改变你的人生，还能给他人带来希望。我终于知道"不经过大脑"的决策是怎样的决策了。你的内心在对你说话，而你认真倾听。谢谢你给的启发，让我说出了这个故事。

你永远的粉丝
凯瑟琳

我喜欢凯瑟琳"不经过大脑的决策"的说法——因为当你鼓起勇气的时候，你理性的大脑并没有参与其中。你的内心在说话，而你认真倾听。这项法则会教你如何达到这种状态。

发现自己内在的力量需要花费精力吗？那是当然的。但正如马洛在几页前说的那样，"当你想着你有能力推动自己的时候，事情就变得简单得难以置信和令人敬畏。"

　　为了改善生活，你要做的事情很简单，你可以做到，而且这是你想做的事——因为这是最重要的工作。这件事将让你学习如何去爱和信任自己。当你足够信任自己的时候，你就不会再等待观望了，开始投入到生活、工作和人际关系所带来的魔力、机遇和快乐中。

　　我非常期待听到你践行 5 秒法则时所发生的事，但我得先比这些故事超前一步。在告诉你使用 5 秒法则的各种方式之前，我需要带你回到 2009 年，解释清楚这一切是如何开始的。

勇气

- ☐ 有能力去做困难的事或令人害怕的事
- ☐ 走出舒适区
- ☐ 分享你的想法，说出来，或者表现出来
- ☐ 坚持你的信念和价值
- ☐ 还有……你能从床上爬起来

第2章

我是如何发现 5 秒法则的

> "勇气往往从逆境中诞生。"
> ——英国小说家 J.R.R. 托尔金

一切故事要从 2009 年开始。当时我正值 41 岁，金钱、工作和婚姻种种人生主要问题接踵而来。每天早上醒来，我感到的都是恐惧。

你是否有过这种感觉？这是我状态最差的时候。任闹钟在一旁肆意叫嚷，你却一点也不想起床面对新的一天。又或者彻夜未眠，脑海里萦绕着所有令人担心的问题。

那就是当时的我。几个月下来，我被各种问题所淹没，这让我根本起不来床。每当早上 6 点的闹钟响起，我就干躺在床上想着今天要做的事情：被抵押的房产、银行的负债、工作上的失败、我那要多可恨就多可恨的丈夫……于是我躺在床上，一次又一次地按下闹钟。

一开始赖赖床并无大碍，但坏习惯正是这样养成的，慢慢地小习惯像滚雪球一样带来越来越多大的问题，影响了我的一整天。当我终于从床上爬起来的时候，我的孩子已经错过了上学的校车，这时我感觉自己的人生一败涂地。每一天，我都在忍受着疲惫、匆忙与迟到，堆积如山的问题压得我喘不过气。

这种习惯是怎样开始的，我早已没了印象——我只清晰记得自己一整天都活得非常受挫。在职场，我的状态更是跌到低谷。在过去的 12 年里，我换了无数次工作，杂乱的职业经历让我快有多重人格了。从法学院毕业后，我成了纽约法律援助刑事辩护协会的公设辩护律师。在这之后，我遇到了我的丈夫克里斯，为了让他更好地攻读工商管理硕士，结婚以后我们搬到了波士顿。在波士顿，我在一家大型律师事务所里工作，疯狂地加班，工作却是痛苦难熬的。

随着女儿的出生，我利用产假的时间寻求新工作，最后选择了波士顿的创业公司。就这样，我在几家科技初创公司待了几年，工作十分有趣，我也学到了很多，但我一直觉得科技公司不太适合我。

于是我请了一位职业生涯咨询导师帮我解答"职业生涯问题"，在与这位导师的接触下，我渐渐产生了从事咨询工作的念头。于是像很多勤奋的人一样，我白天工作、回家专注照顾孩子，到了晚上我就埋头学习，考取我想要的资格证书。最终，我开了一家咨询公司。我非常喜欢这份咨询工作，如果不是那天我接到了媒体公司打来的电话，我可能会一直做下去。

我的媒体生涯开始得非常偶然：《公司》杂志报道了我的咨询业务。美国全国广播公司财经频道一位高层看到了这篇报道，给我打了个电话。这通电话随后带来了许多次会面。经过几个月的考核以后，我与美国广播公司签订了合作发展关系，还取得了小天狼星电台热线直播节目的机会。

这听起来好像很美好，可事实并非如此。尽管这些机会难得，但我后来才发现这些合作的收入微乎其微，而小天狼星电台的直播节目收益更少。反观我的现实状态：养着三个孩子，在波士顿和纽约之间驱车来回，在朋友家的沙发上借宿，同时做着我的咨询工作勉强维持收支平衡。至于孩子的抚养和照顾，我只能依靠朋友和家里人的帮忙。每天我四处奔走，以保证生活和工作正常运转。

就这样，我被媒体工作剥削了几年，某天终于得到了"大突破"：在福克斯电视台主持一档真人秀节目。我总想着成为一名电视明星，然后我的财政问题就能通通得到解决了。现在想起来实在是天真啊！

我们拍了几场《总有人会离开》以后，电视网就决定搁置我们的节目。一时间，我的媒体生涯陷入了僵局，只有在拍摄的时候我才有钱收。于是，我在没有收入来源的情况下，人身被锁在了为期十个月的合同里，禁止去找其他的媒体工作。

至此，克里斯完成了他的工商管理硕士课程，和好友们在波士顿地区开了一家薄皮比萨餐厅。一开始，一切都很顺利。第一家比萨店大获成功，他们获得了"波士顿最佳餐厅"美誉及多个区域奖项，餐厅的比萨也十分好吃。在此之际他们开了第二家分店，并在一家大型连锁杂货店的支持下开展了批发业务。在别人看来，这门生意正兴隆发展，但在资产负债表上，盈利就开始萎缩了。由于扩张得太快，第二家分店很快倒闭，而批发业务需要更多的现金来运转。事情就开始变得棘手起来。

像许多小企业主一样，我们把房产和积蓄都抵押进了比萨店的生意，如今却只能眼睁睁地看着生意失败。我和克里斯没有了存款，房屋抵押贷款也赔了进去。连续几个星期，克里斯没有收入来源。房屋抵押权的相关人员开始威胁着要收我们的房子。

我失业了，克里斯的生意又不景气，在这双重打击下，财务压力如同雪上加霜；我们几乎每天都能收到来自律师的恐吓信，支票不断被拒收。为了躲避接连不断的讨债电话，我们拔掉了电话线。当爸爸给我们寄钱来支付抵押贷款时，我既感激他的及时救火，又感到羞愧不已。

在外界场合，我们不得不维持形象，因为很多朋友和亲戚都投资了我们的餐饮生意，这让我们承受着更大的压力。克里斯与合伙人正日夜不停地工作以挽救僵局，而我则硬撑着保持乐观积极的外在形象，实则内心受着迷茫、窘迫和恐惧的煎熬。财政危机让我俩出现了分歧，我怪罪他的餐馆生意，而他指责我一味追求毫无回报的媒体事业。事实上，我们都有错。

残酷的现实告诉我们，不管现在的生活看起来有多糟糕，你总有机会让它变得更糟。我就是这样。我开始酗酒，恶劣地酗酒。我变得尖酸恶毒，嫉妒起那些不用工作白收钱的朋友。问题接踵而来，逼着我消极面对，我开始说服自己不再做任何抵抗和努力，而面对外界，我则表现得仿佛一切都好。

直到事后我才有所领悟，我顾影自怜、怪罪克里斯的生意是为了逃避，相比反观、自省、振作起来，这样好似更加容易一些。我用一个词来形容当时的状态，即是"受困"。我被我的生活所困，也被自己所做的抉择所困，我被当下的财务危机所困，也被自己的绝望挣扎状态所困。

我明知道自己有能力改善僵局，可我没有行动，比如一些最小的事：准时起床、对克里斯好一些、向朋友寻求支持、少喝一点酒、对自己好一点。仅仅知道自己该干什么而缺乏行动并不能改变现状。

　　我本考虑去锻炼，但我没去；我本考虑向朋友倾诉，但我没去；我知道转行能让财务状况有转机，但我没动力去找工作。假如让我做回咨询工作，我会接受不了，因为我觉得自己本身就是失败者，何以给人提供指导？

　　我知道我要做什么，但没能说服自己做出行动，这正是让改变如此艰难的原因。改变需要你去做那些让你感到困难和害怕的事情。改变需要勇气和信心——而我刚好两者均无。

　　我把时间花在了思考上。想得越多，情况就越糟。越想起我们的处境，我就越害怕。当你把注意力集中在问题上时，你的大脑就会做出如此反应——放大问题。我越担心，我就变得越不确定和不知所措。我越继续想，就越感到麻木。

　　每天晚上，我都会喝上几杯酒试图消愁，然后醉醺醺地爬上床，闭上眼睛，梦见一个截然不同的生活——我不用工作，而所有问题都神奇地消失了。但当我醒来，我又不得不面对现实：我的生活是一场噩梦。我 41 岁，失业，破产，酗酒成性，对我们夫妻俩能渡过这场难关丝毫没有信心。

　　于是我开始用闹钟的小睡按钮泄愤。每天早上我都会按下小睡按钮……2，3，4 次。每当我按下小睡按钮的时候，我都感觉这是我这天仅存的把控感，是对现状的报复，好像在说：

> 我就不起床怎样？去你的生活！我就不起床，我就去睡觉，看你能把我怎么办？再见！

当我终于起床的时候，克里斯已经出门去餐馆了，孩子们还没穿好衣服，而校车早已开走了。用乱成一团来形容早晨的局面可谓是足够委婉了，实际上这局面就是车祸现场。我们经常迟到。我忘记拿午餐、忘记拿背包、忘记拿健身袋，急匆匆跑出门的时候，我还常常掉落了驾驶证。我为每天犯下的错感到羞愧，而羞愧让我变得更加焦虑。

关键在于：我明知道自己应该做些什么来让一天走向正轨。我需要准时起床，做早餐，送孩子们上校车，然后去找一份工作。这明明不是攀登珠穆朗玛峰，所以正是这些小事让我更加自责，因为我完全没有理由不把这些事情做好。

我的自信心陷入了死亡旋涡。既然我不能按时起床，我怎么能相信自己能解决更大的财务问题和与克里斯的婚姻问题呢？回顾当时，我真是万念俱灰了。

你有没有注意到，那些最小的事是怎样为难你的？ 听过成千上万的故事，我知道并不是只有我这样。这些难事均带有惊人的共性。

在会议上发表言论

保持积极态度

做决策

为自己空出时间

询问反馈

举手回答问题

申请加薪

停止自我怀疑

开始制作简历

按下邮件的"发送"按钮

坚持计划

出门

主动做第一个尝试的人

参加聚会

在社交媒体上屏蔽前任

向感兴趣的人搭讪

上台演出

出版自己的作品

去健身

节食

说"不"

寻求帮忙

放下你的设防

承认你错了

倾听

在我的例子里，这件小事就是按时起床。每天晚上躺在床上，我都会对自己说，从明天开始做出改变。

明天，我就会做出改变；明天，我要早点起床；明天，我会有更好的态度，再努力一点；我要去健身房；我要对丈夫好一点；我会注意饮食健康；我不会喝那么多酒。明天我会迈向未来的我！

怀着这样的愿景和希望，我把闹钟定在早晨6点，然后闭上眼睛。这个循环就在第二天早上睁眼开始。只要闹钟一响，我就不觉得自己是"未来的我"。我觉得自己还是那个老样子，既然还是老样子，老样子的我会想继续睡。

是的，我有想过起床，但犹豫了一会儿，我翻身转向闹钟，然后按下了小睡按钮。5秒钟的时间，我就把自己说服了。

我没有从床上爬起来的原因很简单：我只是不想做。我通过后来的学习得知，我被困在心理学家所说的"习惯循环"中了。我日复一日按下小睡按钮，这个行为已在我大脑里形成了习惯闭环。

然而一切变化的转折点，就在那天晚上。

那天晚上我正要关掉电视，一则广告吸引了我的注意。电视屏幕上是火箭发射的图像，我听到了耳熟能详的 5 秒倒计时：5，4，3，2，1，随着火焰和烟雾充满了屏幕，火箭发射成功了。

于是我在想，"明天我要准时起床……像火箭一样发射。我要在 5 秒之内坐起来，这样我就没时间踌躇退缩了。"这只是突然从脑海里蹦出来的直觉，一种很容易被打消掉的直觉。幸运的是，我没有。我决定行动。

事实上，我是想解决问题。我不想毁掉婚姻，也不想相信自己是世界上最糟糕的母亲；我想在经济上有保障；我想再次为自己感到快乐和自豪。

因此，我非常想改变。我只是不知道该怎么开始。

这一点在我的故事里非常重要。**把行动力比喻为火箭发射的直觉，就是来自我内在智慧的声音。只需要倾听内心的呼唤就能解决大部分问题，跟随它的指引，就能做出撼动人生的变化。**内心倒数时，你的大脑和你的身体会发出唤醒信号，引起你的注意。同理，用火箭发射比喻起床正是这种原理的典型事例。我的这种直觉看起来有点蠢，但当你重视起它来，并把它应用在早已想好却没行动的事情上，这种行动力能彻底改变你的生活。

我说行动起来，相信你的第一感觉，但这不仅仅是"相信直觉"这么简单。来自亚利桑那大学、康奈尔大学和杜克大学的一项新研究表明，你的大脑与行动的本能间有着强关联。当你设定一个目标，你的大脑就会罗列出一个任务清单。每当你看到某件事与目标相关，大脑就会点燃你行动本能的信号，去完成这件事以达成目标。让我举个例子吧。

假设你的目标是变得更健康。如果你走进客厅，什么事也不会发生。然而，如果你走进健身房，你的前额叶皮层就会被激发，因为你身处的地点与"变得更健康"这个目标相关。所以当你经过健身房时，你就会觉得你应该锻炼一下。这是一种本能，它在不断提醒你的目标。这也是你来自心底的智慧，因此无论这种直觉看起来多么微小甚至愚蠢，这份智慧都值得你重视。

我相信在潜意识里，我的大脑就暗示我要注意电视播出的火箭发射片段。在那 5 秒钟里，我的大脑就给我发出了一套非常清晰的指令。

梅尔，你要认真看看这场火箭发射，抓住这个想法，你要相信它，践行它，不要踌躇而止步不前，别为自己打退堂鼓，从明天开始，用发射的方式起床吧。

这就是 5 秒法则告诉我的一个道理：当谈及目标、梦想和人生改变时，你来自心底的智慧有着与生俱来的天赋。达成目标的冲动、渴求以及行动的本能会给你自然而然的指引。你要做的，就是相信他们。因为历史证明，除非你相信自己行动起来，你永远不知道伟大的灵感会在何时降临，伟大的发现将会引领你至何处。

世界上最有用的发明皆源于此。1826 年，约翰·沃克在用棍子搅拌一锅化学物质的时候发明了火柴。当他想把木棍的化学物质刮掉的时候，木棍被点燃了。正是跟随自己的直觉，他试图重现刚才的情形，于是火柴就诞生了。1941 年，乔治·德·梅斯特尔发现苍耳属植物能轻易粘在他家的狗毛上，于是他建立了魔术贴品牌美国维克罗公司。1974 年，3M 工程师富莱在做礼拜的时候想给自己的圣诗集做个书签，这种书签最好能贴在书页上，但撕下来的时候不会弄伤页面。因此他抓住了"报事贴"品牌的灵感。

甚至连星冰乐都是这样诞生的。1992 年，圣塔莫尼卡的一家星巴克的助理经理注意到，天气热的时候销量就会下降。于是他有了一种做咖啡冷饮的直觉，他跟随这个直觉，申请了一台搅拌机，修改了咖啡的调配比例，做了一杯样品给副总裁品尝。于是一年后，第一批星冰乐产品从他的店里生产开来。

　　当谈及改变、目标和梦想时，你必须相信自己。这种信任应开始于倾听内心的直觉，并以行动来重视这种直觉。我很感激我听进了内心那"愚蠢"的想法：像火箭发射一样从床上爬起来，因为我后来的生活都因这个想法而改变了。于是发生了后面的故事。

　　第二天早上 6 点，闹钟响了，我睁开眼的第一件事就是感觉到害怕。天很黑，外面很冷，波士顿的冬日早晨冷得我不想起床。随后我突然想到火箭发射的事，我立刻觉得赖床是不现实的。然后，我做了一件从未做过的事——我忽略了我的感受，不再思考。我要做我需要做的事。

　　我没有按下小睡按钮，而是开始数数。

　　是倒数：5，4，3，2，1。

　　然后我就站起来了。

　　就在那一刻，我发现了 5 秒法则。

5 秒法则

当你有了达成某个目标的行动直觉时，你就要 5，4，3，2，1，动起来，不然，大脑就会绑住你的手脚。

第3章
你能从 5 秒法则中得到什么

> "一个人生下来是什么并不重要，重要的是他长大后会变成什么人。"
>
> 《哈利·波特》作者 J.K. 罗琳

第一天早上 5 秒法则奏效的时候，我和你一样惊奇地发现这种看似傻傻的方法竟然有用。仅仅是个倒计时？ 5，4，3，2，1……开玩笑吧？我真的不知道为什么它能奏效，我只是知道我做到了。为了能准时起床，我与被窝抗争了几个月，突然 5 秒法则的出现，让我如此简单地做出了改变。

后来我才明白，当你进行倒数的时候，你的思维就得到了改变。倒数时你打断了你的默认想法，做出心理学家所说的"断言控制"。倒数能让你从借口中分散注意力，并集中在一个新的方向上。当你身体力行而不是停下脚步纠结时，你的心理层面也会发生变化，你的大脑也会跟上行动的轨道。在这本书的研究中，我发现 5

秒法则是激活大脑前额皮质的"开始仪式",这种仪式感有助于改变你的行为。

前额皮质是当你集中注意力、做出改变或采取深思熟虑的行动时运作的大脑区域。我大概知道前额叶皮层是什么,但通过研究,我了解到了基底神经节、习惯循环、行动的活化能、行为可变性、认知偏差、神经可塑性、进步原理和心理控制点等心理学原理的神奇之处。我先前确实没有意识到,我发明的法则,一一击中了以上所有心理学原理。

第二天早上我再次使用这条法则,它又起作用了。在此之后发生了一件有趣的事,我试着把 5 秒法则运用在我全天的活动里,像助力我起床一样帮我完成其他事。如果还停下来去想早该做的事,我就会非常焦虑。不需要 5 秒,我的头脑就被各种借口淹没而止步不前了。

当你在用 5 秒法则的时候,你也会发现这一特别之处——你有 5 秒的窗口时间,决定自己是跟随天生的行动本能呢,还是任由大脑阻止你的行动。意识到这 5 秒的窗口时间,我做出了心理上的全面改变,问题很清楚:问题出自我自己,是我自己每次都用不到 5 秒钟时间束缚了自己的脚步。

因此我做了个非常简单的决定:如果我知道这个改变的行动对

我有益，我就会用 5 秒法则来推进自己的行动，不管当下我的感觉如何。我不仅把法则应用在早起上，还有健身房、找工作、减少喝酒，用 5 秒法则学着做更好的母亲和妻子。

当我觉得太累，不想锻炼，
我就会默数 5，4，3，2，1，强迫自己走出门，开始跑起来。

当我拿起酒杯，虽然心里知道自己不该再喝酒，
我就会默数 5，4，3，2，1，把波旁威士忌放下，让它离开视线。

当我觉得自己正刻薄地对待克里斯时，
我就会默数 5，4，3，2，1，纠正我的语气，让自己更友善些。

当我发现自己正在拖延时，
我就会默数 5，4，3，2，1，坐下来开始准备我的简历。

这项发现非常有效：简单地促使自己做出行动，能给你的信心和工作效率带来连锁的良性反应。通过推动自己采取行动让生活继续，你就能体验到那种难以形容的解脱感和力量感。瑞秋发现，准时起床的简单一步能给她带来"连锁反应"，让她减肥近 30 斤、买了房子、拯救了婚姻。

邮件来自瑞秋

邮件正文：
我们没见过面，但你却改变了我的人生！自从几个月前我看你的 TED 演讲，我减肥近 30
斤、买了房子、让我的婚姻恢复生机。我不知道你能不能看到我这封信（相信你肯定收到
不少粉丝的邮件），但我还是要谢谢你，让我挑战自己，每天提早 30 分钟起床。这简单的
行动开启了一串连锁反应，让我逐渐成为另一个不一样的自己。

瑞秋用了"恢复生机"这个词，这正是我希望法则为我们做到的。丽贝卡也有同样的经历。通过 5，4，3，2，1，强迫自己向前推进，她终于突破了思维牢笼，不再被优柔寡断所困，丽贝卡活到 47 岁以来第一次感到解脱！

😊 **丽贝卡**

😊 我终于得到了解脱！！！ 47 年以来的第一次！

😊 我终于相信了自己……第一次爱了一回自己！

心理学家朱利安·罗达在 1954 年提出了一个重要概念："心理控制点"。你越是相信自己能掌控生活、行为和未来，你就会越快乐、越成功。有一件事能确保增加你对生活的掌控感：那就是对行动的偏爱。

还有一点，还请你不要对动机这个概念抱有幻想，动机和行动之间的关系还有待科学家验证。**我忘了从什么时候开始，就有一种观念**

深得人心：想要改变，你非要"感受到"自己的渴望、"确认"自己的动机后才行动。这种想法有害健康。每当你在立下决心的执行阶段时，我相信你一点都不会感觉自己充满动机的。实际情况总是：你什么事也不想做。如果有意改善自己的生活，你就必须走到自己后面，推自己一把。在我的世界观里，它就是"推动自己的力量"。

5 秒法则之所以如此强大，原因之一就是它能让你即使对行动有所偏见也能行动起来。如果你倾向于过度思考每一次行动，你就会发现 5 秒法则给你带来的能量和信心，让你停止纠结，付诸行动。践行 5 秒法则，能让你相信自己确实有能力掌控自己的命运——因为对自己的每次推动，就证明了这一点。

珍尼终于控制住了自己的饮食。她意识到每吃一顿垃圾食品，诸如"饺子罐头、一大包薯片和一杯苏打水"，然后抱怨自己超重，这

> 我在今早就开始使用 5 秒法则了！闹钟响起，我按下了闹钟，然后说："5，4，3，2，1，起床！"然后下了床。
>
> 每天上班的路上，我得停下来在商店里吃午饭。通常我会选择饺子罐头、一大包薯片和一杯苏打水……然后再抱怨自己又要超重了。所以我在走进商场前就说"5，4，3，2，1，健康饮食"，最后点了一个三明治和纯净水。
>
> 我要减掉 90 到 100 斤，而且从今天开始我就要开始行动了！我不会再等到……下个月月初或下个月月末、星期一或星期五，我不再期盼选择在未来某个日子我就能改变，我就要从今天开始！感谢你在我需要的时候成为我的动力！

种行为就在打击自己减肥的信心和努力。通过对自己说"5，4，3，2，1，健康饮食！"，她完全有能力督促自己进行健康饮食了。

　　唐娜在艾凡达学院会议上得知5秒法则的时候，她认为这种方法值得一试，但改变人生的说法肯定不现实，我在用这个方法叫自己起床的时候也是这么想的。但事实上我错了！唐娜也错

😊 唐娜

由于我还是塔拉哈西市艾凡达学院的学生，我好不容易买到了新奥尔良的"真正生意"座谈门票。这个决定和选择极大地改变了我的人生。

在"真正生意"座谈会中，我听到了不少非常好的讲者观点，在我人生事业转折点给了我不少启发。梅尔讲到5秒法则的时候，我一度在想，我会去尝试的，但我不相信它能改变人生。慢慢地，我在每天的小事中使用5秒法则，比如："我不想起床……好吧，5，4，3，2，1！"我就会从床上起来开启新一天。践行5秒法则，慢慢成了我的习惯，它在不知不觉中为我建立起自信心，而从前我没有意识到这份自信。

＊我的老板兼导师鼓励我去做沙龙顾问。我作为沙龙里的新人，荣幸地获得了这次机会，给团队成员做新产品的培训。5，4，3，2，1，去吧！用我的自信指导大家。

＊我希望成为艾凡达的老师。我没有守株待兔式地等待上课机会，而是努力争取，让这件事成真。我同我的老板兼导师开会讨论了这件事的可能性，而如今，我正走在执教的道路上，我的梦想也正一点点成真。5，4，3，2，1，去吧！不要害怕向全宇宙争取你想要的东西。

＊在艾凡达其中一场座谈会"敢于梦想"里，我坐在观众席上，想着我被叫上台当着全场人的面发言的场景，当主持人把麦克风递给我的时候，我内心还是慌乱的。5，4，3，2，1，去吧！勇敢一点。即使你走得盲目、磕磕绊绊，也不要放弃就在眼前的机会。

5，4，3，2，1，去吧！不管我面对的是什么，一直往下走就好了。正因为我让自己大胆地摸着石头过河，我的事业才有更宽广的可能性。尽管我还在开始阶段，但相比等待有人能推动自己前进，我感觉自己已有了多倍的进步。我意识到，每次的大胆向前，向机会拥抱，都能给我带来极大的信心，让我更能轻易迈向美好的未来。拖住我们后腿的只有我们自己。看着从前被恐惧束缚的自己和如今的自己，我看到了惊人的变化。更重要的是，我能看清未来几年值得期待的自己。去吧！去做吧！拥抱每一次倒数，5，4，3，2，1。

"没有什么是值得怀疑的，如果有，那最值得怀疑的，就是你的局限性。"——梅尔·罗宾斯

了！ 5 秒法则几乎改变了她生活和工作的全部，因为她发现只
有自己能拖自己后腿。对比从前被恐惧劫持与现在的蓬勃行动
力，你就能发现惊人的变化。更重要的是，我能清晰地看到未
来几年自己能达到什么水平。

当你用得越多，你就越能获得勇气、自信、骄傲和控制感。这
条法则就是这么神奇。我经常告诉人们"这条法则会一直缠着你"，
我的意思就让达里尔来解释吧。

> 😊 **达里尔**
>
> @梅尔·罗宾斯 有了 5 秒法则的推动，我的生活正在向
> 前发展。你的 5 秒法则每天都在缠着我，这种纠缠是件
> 好事！

那是因为你意识到你已经在束缚自己的梦游中度过了很长一段
时间。这个动作简单、容易操作、有成效，同时也会传染。克里丝
特尔已经在和儿子一起践行 5 秒法则了。

> 😊 **克里丝特尔**
>
> 我真的很喜欢你在 2016 年做的"认清现实"演讲！真是充满能量和
> 活力。我已经在教我 8 岁的儿子倒数 5，4，3，2，1 了。所以，敬
> 请期待我的人生改变……变得更好。

我第一次把 5 秒法则分享出去的时候，是告诉我丈夫。克里斯
确实注意到了我的改变，特别是我的刻薄态度得到了改善，而我也

变得积极向上。因此无须太多解释，他就能理解这种心态的"秘密武器"。

他运用这项法则，做出了几个重要改变。他戒酒、每日冥想、每天早上锻炼。**5秒法则并没有让这些事情变得简单，而是让它们落地发生。因此，我把5秒法则看成一种工具。**

我们不再回避债权人的要求和破产的信件，而是以5，4，3，2，1的方式迎头赶上债务。我用5，4，3，2，1的方式来推动自己与旧时的咨询客户恢复联系，以获得他们的推荐。尽管身上还背着福克斯的合同问题，我还是用倒数5，4，3，2，1的方式继续接受电台主持人的特邀专访。我们俩一起用倒数5，4，3，2，1的方式强迫自己求助于会计师和财务顾问，重整我们的债务现状，去做看似讨厌的工作来填补我们以前挖下的坑，通过自律的生活慢慢爬出我们的低谷。

克里斯把这条规则引入他的生意中，推动自己克服恐惧、罪恶感和不确定性。他和他的合伙人会见了几十位顾问，研究各种金融模型，夜以继日地工作，最后关闭了批发业务，并扩大零售业务，出售门店，以尽快偿还资金给投资者和债权人。克里斯的合伙人乔纳森做了很多了不起的事。这其中有勇气、快速推进工作的魄力和承诺。他们逼着自己不断向前、向前再向前。

直到今天，当克里斯回想起开餐馆的日子时，他的大脑有时会油然升起一阵失败感。当他意识到这些消极的想法时，他就用 5，4，3，2，1 倒数的方法把想法转向他们所做的成绩：7 家餐厅、绝佳的企业文化氛围、数百万的收入，以及一个卓越的品牌。最后结果达到了他的梦想吗？虽然没有，但在这个过程中，他学到的是商业、伙伴关系和了解自身，这比金钱能买到的更有价值。

当你不断前进，迎头面对挑战，推动自己变得更好时，你获得的自信和自豪感是最大的。正如克里斯所说："这条法则能陪伴我面对多层面的成功和失败经历。最终，这种意识给了我力量，让我有能力控制各种积极和消极的想法。"

当我们和朋友重逢，5 秒法则也有登场的时候。相信你一样会有如此感受。珍妮弗学会了这个法则，并告诉了她的护士。她的护士是如何回应的呢？"你知道吗？我现在每天很多时候都需要这条法则的帮忙。"

> **珍妮弗**
>
> 我在和护士谈起去纳什维尔的奇妙旅程，我跟她介绍梅尔·罗宾斯的 5，4，3，2，1 法则，她听得忘乎所以，决定尝试去做。她说："你知道吗？我现在每天很多时候都非常需要这条法则。" #54321 # 放手去做 # 成为自己的鼓舞者 # 启发 # 克服恐惧 #

这条法则点燃了每个有所尝试的人内心的力量。我的一个朋友终于鼓起勇气离婚了，而另一位朋友则辞去了咨询工作，因为他受不了频繁出差。我的同事减掉了近 73 公斤，我叔叔不再嚷嚷着要戒烟，而是付诸行动，终于成功把烟戒掉了。克里斯的一个朋友搬回了缅因州，并利用 5 秒法则远程谈到了一份很棒的工作。

5 秒法则给我带来的好处，也同样恩惠于他人：这种思维架构、勇气，还有推动自己改变的方法让人受益匪浅。

我第一次在公开场合分享 5 秒法则是在 2011 年，当时 TEDx 的主题为 "如何不再搞砸自己"。有趣的是，这次谈话主要是关于我的梦想（当时的梦想）：成为一个顶级电台脱口秀主持人，以及我如何帮助人们过他们真正想要的生活。我只在演讲的最后轻描淡写地提到 5 秒法则，几乎没做任何解释。接下来发生的事超乎预料。我的演讲被疯传，得到了数百万的网上播放量。这还没完，他们开始写信给我。

每一天，我都听到世界各地的朋友使用 5 秒法则的故事，就像马克一样。马克用短短 6 个月制造了令人无法相信的变化。

你懂的。在你和 5 秒法则的帮助下，我在过去的 6 个月里做了很多成绩。比如在 2 年内将生意翻一番，写了 1 本关于商业销售的书，还有 1 本关于走出舒适区 100 天的书，我找到了真命天女 @ 艾米并和她在一起了，我拉近了和孩子们的距离，最近还计划旅游，去看看世界。

　　最棒的地方莫过于此。迄今为止，已有超过 80 个国家的 10 万多人写信给我，讲述他们使用 5 秒法则的经历。随着越来越多的人向我提问，希望获取更多信息，我开始深入研究这条法则，以便阐述其更广阔的使用空间，并去证明它为什么有效。我是一名专业律师，所以我对这项研究非常着迷。我寻找先例、寻找证据、寻找指导，对待 5 秒法则的研究就好像要在法庭上展示我的案子一样严谨。

　　我花了差不多 3 年的时间。我阅读了所有关于改变、快乐、习惯、动机和人类行为的资料。我查阅社会科学实验、关于幸福的研究、关于大脑和神经科学的研究。我没有把研究局限在学术上，而是派发调查问卷去了解每位使用 5 秒法则的人，正如你和我。我还通过电话、视频、网络聊天来深入了解那些决定做出改变的人，一步步探究当他们想要改变时面临的问题。

　　当我解构"改变"这个行为的时候，我发现了人与人相通的基础。每每遇到困难、恐惧或不确定的事情之前，我们就会变得犹豫。犹豫就像死亡给你的一吻。你的犹豫可能会在十亿分之一秒内发生，但它就只需要这点时间。一个小小的犹豫会触发一整套心理机制，阻止你的行为，让你不要动。整个过程所花时间，正如你猜到的——只需 5 秒钟。

　　你有没有注意到恐惧和自我怀疑是怎样在瞬间占据你的头脑，让你开始编造借口，去解释自己为什么不该说这些话、做这些事？

我们每天都在最小的、最平凡的时刻束缚了自己，而这些小事能影响一切。如果你能打破这种犹豫不决的习惯，你就会获得"采取行动"的勇气，你会对你做出的改变成效深感不可思议。这就是基思在"瑞麦地产"大会上学习 5 秒法则后发现的。现在他已具备做出卓越成绩的能力。

☺ **基思·派克**

梅尔，我第一次听你演讲是在 2015 年。2016 年 2 月，我在拉斯维加斯的"瑞麦地产"座谈会有幸见到你本人。你启发了我去做不平凡之事的想法。我只需要用我自己的方式来采取行动。18 个月里，我做出了很好的成绩，在美国阿肯色州增设三个办事处，引进超过 50 个代理商。不再犹豫，不再拖延。为了实现目标，我有一系列任务需完成，而 5 秒法则给了我勇气开始向着目标行动。按照这种想法，一项看似巨大的工程就变得可以掌控了。万事开头难，项目开始，我就已经克服了最大的困难。谢谢你分享你的故事，鼓励我们成为最好的自己。

你看看，定义我们的从来不是大事，而是每日的小事。只要停下来思考 5 秒，你就能决定放弃这些小事。但随着时间的推移，这些小事就能积累成大事。

关键就在这儿：我们不断重复着犹豫、担心和自我怀疑，这些行为已铸成习惯，大脑的思维模式也被改变了。

好消息是，犹豫不决、拖自己后腿、过度思考不是天性，而只是习惯。你能用一种简单易行、科学验证过的方法来改掉这些坏毛病，5 秒法则就是最简单的方法。当你了解习惯循环、开始仪式、行

第 1 部分　5 秒法则是什么　　045

动的活化能，还有决策时情绪的重要性时，你就能体会到 5 秒法则的普适性。当你运用 5 秒法则，你就会发现，决定改变的那 5 秒非常关键，而夺回控制权，也并非难事。

每次运用 5 秒法则，它都会有成效，但前提是你必须使用它。这是一个工具，如果你不使用它，恐惧和不确定感就会卷土重来，控制你的决定。如果发生这种情况，你就可以重新用起 5 秒法则。

随着时间的推移，你会经历一种内在的转变，这是一种更深刻的转变，它会不断增强你的信心和内在力量。你将要对抗困扰你多年的借口、习惯、情绪、不安全感和恐惧。你会看到每天因为光想不做而导致的屁事，你会一次次等待改变，不知不觉浪费了大把好时光。

用了 5 秒法则，这种无尽的等待不会再发生了，接下来的便是惊讶 5 秒决策给你带来的快乐和自由。"自由"正是罗宾描述自己使用法则后的收获。

> **罗宾**
>
> @ 梅尔·罗宾斯 感谢你给我带来的 #5 秒法则 #，行动带来自由。我对改变的激情和视象很大，而信心有时却跟不上。每当我怀疑自己的时候，都会用 #5 秒法则 #。

这就是我所获得的——改变生活的自由。七年前的那个我早就不在了。这是一件好事。**无论是生活还是事业，每个阶段所需要的你都是不一样的，你将成为你生命中下一个阶段的人。利用法则，你就能按照你的意愿，为人生的下个阶段做出改变。**

那么，我们何不开始探究 5 秒法则的基本原理，并付诸实践呢?

梅尔·罗宾斯

知道自己应该做什么，需要的是智慧；
推动你自己付诸实践，需要的是勇气。
#5 秒法则 #

第 4 章

5 秒法则是如何奏效的

"你可以选择勇气，你也可以选择舒适，但勇气和舒适不可兼得。"

《不完美的礼物》作者 布琳·布朗博士

多年以来，我收到了很多关于 5 秒法则的问题。在开始介绍 5 秒法则这套绝佳工具之前，我想告诉你一些被提及最多问题的答案。

5 秒法则到底是什么？

这是一个做法简单的、有研究基础的元认知工具，它能给你带来即刻而持久的行为变化。而元认知是形容一种技术的华丽辞藻，它能让你战胜大脑无意识行为，使你达成更伟大的目标。

如何使用 5 秒法则？

5 秒法则的使用很简单。每当你对目标或承诺有了行动的本能，或是觉得自己对该做的事情感到迟疑，你就可以使用 5 秒法则了。

请从倒数开始：5，4，3，2，1。倒数能帮你专注于目标或承诺，并使你从忧虑、过度思考和恐惧的想法中脱离。一旦你数到"1"，就立刻去行动。就是这么简单。但让我再强调一次这个概念。无论何时，每当你知道这是一件你应该做的事，但又被不确定感、恐惧感或被窘迫所控制的时候，你就可以倒数 5，4，3，2，1 来找回控制权。倒数能让你的心静下来，然后数到"1"时，就立刻行动。

倒数和动身做事都属于行动。通常过度思考会让你停下脚步，通过教会自己开始行动，你就能创造非凡的改变。与此同时，倒数还产生了以下几种作用：让你走出忧虑的思绪；把注意力集中在你应该做的事情上；提醒你该去行动；打破犹豫不决、过度思考，改变拖自己后腿的习惯。

如果你觉得从 1 数到 5 也能产生作用的话，我用特伦特的例子来打消你的念头，那是行不通的。

☺ **特伦特·克鲁斯尔**

梅尔你好，

关于 5 秒法则，我发现从 1 数到 5 是不行的。如果我由 1 到 5 顺着数，我就很想再数"6"，于是我的行动就延迟了。我得从 5 数到 1，因为数完 1，我想说的下个词就是，"发射！"那就是发起行动的语言。

我的一些想法。

特伦特发现，如果你顺着数，你就会一直数下去。当你倒数 5，4，3，2……数到 1 的时候，你没有数字可以继续数下去了，所以，是时候行动了。

为什么它叫 5 秒法则?

我经常听到这个问题，我希望自己能有一个更好的答案。我把它叫作"5 秒法则"，因为那是我第一次使用它的那天早上，我脑子里闪现的名字，而这个名字也就保留下来了。要知道，前天晚上我看到的是火箭发射，于是我心里就想："明天我就像火箭一样从床上发射起来好了!"第二天早上，我就倒数 5，4，3，2，1，航天局发射火箭时也这么喊。要说为什么得从 5 开始，我也没有什么非说不可的理由，只是觉得 5 下对我来说时间是足够的。

后来我得知，世界上还有其他类似"5 秒"的概念，比如食物掉在地上 5 秒之内能捡起来吃、篮球比赛 5 秒钟的定点投篮、主持人艾伦·德詹尼丝脱口秀节目中的游戏，或是用 5 秒钟测试你的狗行走在夏天的马路上会不会太热。

要是知道我的 5 秒法则会传遍世界，我可能会想出一个更正式的名字。但事后看来，所有的 5 秒法则都有一些共同之处。它们皆要求你在 5 秒窗口期内做出肢体上的行动。

肢体运动也是这套法则中最重要的部分，因为当你身体做出变化，你的思想也会跟着转变。也许在我看来，这个名字不仅仅是凑合而成，实际上，它就是完美的。因为有了世界上的其他 5 秒钟窗口期定律，这套法则就更具亲切感、真实感和普适性基础。

这条法则听起来像耐克品牌的口号："只管去做 (Just Do It)"……

"只管去做"和 5 秒法则之间的区别很简单。

"只管去做"是一个概念——它告诉你什么是你该做的；5 秒法则是一套工具——它告诉你如何让自己去做。

"只管去做"这个口号在全世界都非常流行，在不同文化间都引起共鸣，其中原因就在于"只管"(Just) 二字。就是这个词让这句口号充满力量。

耐克的"只管"二字道出了我们这本书一直在说的事情——在我们行动之前，我们总会先停下来，思考。"只管去做"洞察出我们做出更好改变前经历的心理挣扎。当放手去做之前，我们都不得不忍受迟疑和心理斗争。"只管"二字告诉我们，我们并不孤单。我们每个人都有这类小小的迟疑。

这些时候，就是在你要求加入正在进行的游戏之前、当你考虑是否要做第三次重复动作的时候，或者当你迟疑是否该在倾盆大雨的天气出去跑步锻炼的时候。

耐克的口号认识到你心中有借口和恐惧，而耐克鼓励你跨越它们。来吧……不用想了……只管去做吧。我知道你很累……但只管去做吧。我知道你很怕……但只管去做吧！

耐克的口号就是要让你超越这种怀疑，进入状态。它知道在你内心深处藏有伟大的力量，于是站在借口的另一边。这句口号引起了深刻的共鸣，因为我们每一个人，甚至是奥林匹克运动会运动员，都需要推动。这就是 5 秒法则的由来；5 秒法则是当你没有教练在旁、没有对手竞争、没有父母督促、没有粉丝鼓励、没有队友支持的情况下教你如何推动自己。有了 5 秒法则，你只需要倒数 5，4，3，2，1 来让自己动起来。

是不是每个人都有五秒钟的窗口机会？

是的。每个人在发挥行动本能与扼杀本能之间都有 5 秒钟的窗口期。当你的思想在万分之一秒间阻挡你时，阻止你的思想和借口似乎让你不要发挥全力，让你迟疑几秒钟。

这就是说，无论何时，都要想尽办法让它对你发挥作用。就我个人而言，我注意到在行动冲动与肢体行动之间等待的时间越长，借口的声音就越大，强迫自己行动的难度就越大。正如安吉拉所发现的，当恐惧越来越深，5 秒钟可以做的决定"变成了 50 秒，甚至是 500 秒"。现在，她把 5 秒法则当作对大脑的威胁，当数到第 0 秒的时候，再不行动，大脑就会开启爆炸自毁模式了。

> **😊 安吉拉·雷·休斯**
>
> 我去听了你的演讲，非常感谢你的分享。我现在回到了西雅图的家里，我想让你知道，你让我采取行动去做一件拖延了很久的事情，因为深深的自我怀疑和害怕失败的心理，我一直不敢去做。我现在才意识到，原来我一直在无意识的情况下运用 5 秒法则……我也意识到，当恐惧达到更深层次的时候，这 5 秒变成了 50 秒，甚至是 500 秒。你告诉我大脑会在 5 秒后自动关闭，所以我打算用 5 秒法则来威胁我的大脑：到了第 0 秒，它就会"自毁"（抱歉我没有其他更好的表达），所以我最好到点就行动了！谢谢你，梅尔·罗宾斯，感谢你的智慧成果。

如果你觉得把这 5 秒窗口期缩短或延长对你更有效的话，尽管对它进行个性化的调整。

马特是我和丈夫共同的好朋友，他正在为他的第一次障碍赛"强悍泥人赛"做准备。他住在新泽西，在寒冷的大冬天，他把这封信寄给了我丈夫。他把窗口期缩短至 3 秒钟，因为他注意到大脑阻止自己的速度比较快。

> 告诉你的女朋友梅尔，5 秒法则在我这里也奏效。我把 5 秒钟减到了 3 秒钟。既然你已经可以行动了，为什么还要去思考

其复杂性呢？我发现，在 5 秒钟内，我可以在脑海中编造至少 2 个借口。在 3 秒钟内，我的大脑已经按下了手机的第一个按键，并开始行动了。当我今早醒来时，我无意识地做了错误的行为：想看看今天的温度（这花了 2 秒钟，但在第 3 秒钟时，我及时修正，开始去穿运动鞋了）。"

这就是大脑工作的方式——你思考的时间越长，你的行动欲望就越低。为了欺骗自己待在原地不要动，我们的大脑实在诡计多端。一旦行动的冲动冒出来，你的大脑就开始把它消灭并合理化自己的行为。所以你必须快速行动——这样你就能在身陷思维陷阱之前摆脱你的借口。

我能用 5 秒法则来做什么？

这几年来，我已经听到成千上万种故事，在故事里，人们都用法则来改善生活、改善人际关系、提升幸福感和工作效率。我可以把所有案例分成这三个类别：

改变行为。

你可以用 5 秒法则来强迫自己养成新习惯，改掉坏习惯，掌握自我管理和自我控制的技巧，这样你就能在人际关系中更有目的性和成效。

增强每日勇气。

你可以利用这条法则来寻找勇气，也许你需要做一些新的、看起来很可怕的或不确定的事情。这条法则能平息你的自我怀疑，增强自信，推动你去追求激情所在，勇于在工作中分享你的想法、志愿争取各种项目来拓展自己的能力、创造属于你的艺术，或成为一个更好的领导者。

控制思想。

你可以用 5 秒法则来停止负面想法和无休止的担忧，这些消极想法会给你带来很大压力。你也可以改掉焦虑的习惯，战胜恐惧。当能控制自己的思想时，你就能思考那些给你带来快乐的事情，而不是把注意力放在消极的事情上。在我看来，这是让 5 秒法则效用最大化的方式。

为什么 5 秒法则简单却有效?

5 秒法则之所以有效，是因为它太简单了。你的大脑有千万种方式扼杀你想行动的那颗心。我也可以从科学研究中为你寻找引据。我欣赏的科研人员、教授和思想家都写了不少畅销书，在 TED 活动中发表了意义重大的演讲，他们都在详述我们的大脑是怎样以一系列看似无穷无尽的方法背叛我们。这些心理学概念有认知偏差、选择悖论、心理免疫系统和聚光灯效应。这些伟大的研究者都告诉我，当你想要改变、打破习惯，或是做一些困难或可怕的事情时，你的大脑就会想办法阻止你。

通常来说，你的头脑会劝你三思而后行。当你被骗去三思而后行的时候，你就会被你的想法困住。大脑总有无数种方法来说服你放弃行动，这就是我们很难做出改变的神经学原因。正如我在第一章中提到的，改变正是需要你去做一些不确定的、看起来可怕的或以前没做过的事情。你的大脑似乎被专门设计来阻止你做类似事情，它害怕那些不确定的、看似可怕或新的事物，所以它会尽一切可能说服你不要去做。这是你与生俱来的特质，你会在非常短的时间里产生犹豫的念头，因此你必须更快做出行动才能摆脱大脑的影响。

5 秒法则具有四两拨千斤的作用，它也是现代心理学各种有力和被证实原则的具体体现，这些选择诸如：行动偏好、心理控制点、行为可变性、进步定律、开始仪式、习惯的黄金法则、骄纵的自豪感与真实的自豪感、深思熟虑的行为，"如果，那么"计划和行动的活化能。在这本书中，你将会学到更多关于这些原则的知识，因为我们会更详细地介绍特定领域、生活领域中的使用规则。

为什么一个 5 秒法则能在生活中有如此高的普适性？

实际上，5 秒法则只在一个地方产生作用——就是你身上。你每一次都是在用同样的方式阻止自己——你犹豫、过度思考，把自己禁锢在思维牢笼里。

瞬间的迟疑就像一个杀手。迟疑会给你的大脑发送压力信号。这个信号告诉大脑，你的想法有问题，于是大脑就会进入防守模式。这就是我们想转变却失败的原因，请你想想，是不是这样?

你并不总在迟疑。比如倒咖啡的时候不会迟疑、穿牛仔裤的时候不会迟疑、开电视的时候不会迟疑、给好朋友打电话的时候不会迟疑，在这种情形下你根本不会去过多思考。给你朋友打电话只是你的自动化本能：只要拿起手机，你就去打电话给他们了。但当你在打销售电话或发回复短信前稍做迟疑的时候，你的大脑就会认为一定出了什么问题。你在打出销售电话前思考的时间越长，你成功打出这通电话的可能性就越小。

我们大多数人由于早已习惯这种迟疑的想法，以至于什么时候我们在迟疑，我们都无法察觉。以下是帝姆在使用法则后的形容。

老实说，我认为这条法则很有力量，因为你能一直提醒自己要做这件事，所以你就可以把平日容易忽略和掩盖的事情真正启动起来。我还会一直说："该死! 我老是这样做。"它强大的威力在于帮助我打破扎根于心的做事思维模式，帮助我们（至少是我）充满安全感地'去追求'。说真的，我现在想不明

白以前为什么会害怕做这些事情呢。无论我做好或没做好并不
会影响全世界。

不过，在接下来的学习里，你会发现那些迟疑的时刻也可以加
以利用起来。每当你感觉到自己在犹豫不决，就可以提醒自己，那
就是该推动自己的时刻！5秒的窗口期正为你开放，是时候倒数5，
4，3，2，1，推动自己，打败借口。

用倒数的方式能充分展现5秒法则的重要性，5，4，3，2，1
也是一种充满具象性的提醒。阿特把5，4，3，2，1倒数的数字挂
在办公室墙上，以不断激励自己在工作中向前。

😀 **阿特·弗雷**　办公室装了一样新东西！！感谢梅尔，5秒法则开始帮助我
向好的方向变化了！！☺

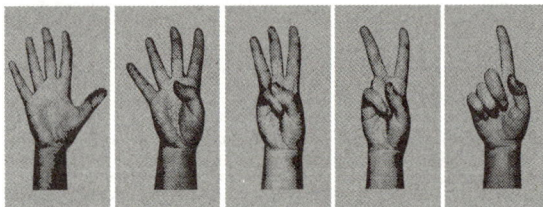

这条法则是否也能带来持久的行为改变?

5秒法则能很好地打击大脑以往的运作系统，对你打败阻力想法

非常有帮助。但你知道还有什么吗？随着时间的推移，当你重复这个法则，你就能从整体上打破大脑习惯性迟疑的运作系统。我们大多数人都忽略了一点，忧虑、自我怀疑、恐惧，这些思维模式都只是一种习惯——你无意识中经常重复这种模式。如果说与幸福背道而驰的一切行为都只是一种习惯，那意味着你完全可以依据最新的研究，打破下面这些不好的习惯。

　　等待

　　自我怀疑

　　踌躇

　　保持沉默

　　不安全感

　　习惯性规避

　　担心

　　过度思考

　　这有个非常简单的概念——"习惯的黄金法则"：如果你想改变什么坏习惯，你必须找其他行为替换掉原有重复的行为模式。我将在本书的第 4 部分详细解释这一点。我会教你如何改掉担心、焦虑、恐慌和害怕的心理习惯，结合最新的科学研究教你如何使用 5 秒法则。

　　现在，你只需要知道，5 秒法则的倒数技巧将成为你新的行为模式：5，4，3，2，1，行动。你不用再迟疑，而是通过 5，4，3，2，

1 向前推进。倒计时的方法也是心理学概念中的"开始仪式"。开始
仪式会打断你迟疑的默认思维模式,而去触发新的、积极的模式。

　　如果你掌握了法则,你就能重设思想。你将学会自动自觉地鼓
起勇气行动,而不会担心、迟疑、恐惧。随着时间的推移,一步一
步地向前改变,你会有新的发现——真正的自信与自豪。一种重视
目标,成功达成一项项小而重要的任务时带来的真实自信。

　　那些你曾以为一成不变的东西,比如习惯、观念、人格其实都
是灵活可变的。有了这种认识,你对人生应该会有令人鼓舞的发现。
在每次的 5 秒窗口期,你都有能力改变"默认"的思维设置与习惯。
你的身份、你的感受、你的活法,这些每日的小小的决策最终会带
来巨大的改变。

　　扭转你的决策,扭转你的人生。而影响你决策最大的因素是什
么? 勇气。

勇气至为重要

你有勇气开始，
就有勇气成功。

5

-2

勇气的力量

第5章

存在于每日的勇气

> "多年来我发现，决心能削弱恐惧，而知道如何行动则能把恐惧赶尽杀绝。"
>
> ——专栏作家 罗莎·帕克斯

在发现5秒法则之前，如果你问我有哪些关于勇气的例子，我会把一串历史事件作为引例。我绝对不会说勇气就是从被窝里爬起来、和老板对话、拿起电话，或者向更大规模迈出第一步。在当时，我会告诉你，勇气是用来形容伟大而过人的胆量的。

在我看来，勇敢的人是诺贝尔和平奖得主们：倡导妇女及儿童接受教育而受塔利班追杀的巴基斯坦少女尤沙夫赛、组织妇女反对内战的莱伊曼·古博韦、缅甸人权运动领袖昂山素季、南非前总统曼德拉和纳粹大屠杀的幸存者埃利·韦塞尔。我可能会想到首相丘吉尔带领英国站起来反抗纳粹德国；黑人罗莎·帕克斯争取自己在公交车上享座的权利；穆罕默德·阿里坚守自己的信仰，拒绝入越南作战。我还会想到美国作家海伦·凯勒，她战胜了自己的残疾，促进了他人的权利；探险家沙克尔顿爵士，他克服了惊人的困难，拯救了"持久号"全体船员；还有伽利略，他挑战了东正教，推动了科学的发展。

但如今我使用了 7 年的 5 秒法则，听到了来自世界各地朋友的故事，我发现了一个非常重要的事实：**我们每天都会遇到不少令人恐惧、不确定的困难时刻。直面这些困难，开启这些困难背后的机会、魔力和快乐，我们每天都需要极大的勇气。**

而 5 秒法则恰好能给你勇气。下面是朋友乔斯的故事。5 秒法则给了他勇气，让他相信自己，向老板提出加薪申请。

乔斯　我在 5 秒之内做出了一个决定，那就是和老板争取自己应得的加薪。"我下定决心让他知道我的价值所在，于是我的时薪涨了 2 美元。"

在获得成功以后，又有一个惊喜在等着他，当他拿到下月的工资单的时候，他发现自己的薪水又涨了许多。

真是想不到！谢谢你梅尔，我爱死你了。我老板在一周后又给了我一个惊喜。在我查看工资单的时候，发现他们又给我加了 1 美元时薪，一共涨了 3 美元！我真的很惊喜。回想起当时申请加薪时我和老板的对话，老板说："你太值钱了。"他想都没想，就同意了我加薪 2 美元的要求。阅读和哲学给了我勇气，保持内心平衡。再次谢谢你。祝你好运，如需要帮助，我都会一直在这支持你。

你的朋友　乔斯

　　5 秒法则还给了布赖斯勇气，让他用 2 年的时间出版了自己的食谱。布赖斯并没有止步于此，他还成功在巴诺书店举行了他的签售会，就像他所说："只要有激情所在，你就能实现你想要的，并甘心为此付出汗水。"

布赖斯

经过了两年的努力，我终于出版了人生第一本食谱——《当我死去，我能给家人带来什么》。但除此之外，我还想逼自己走得更远，我想告诉我的人生导师、我的驱动者，这位美国有线电视新闻网的法律分析硕士梅尔·罗宾斯：几秒钟之后我就开始去写一封改变我人生的邮件，你真是太棒了，梅尔。世界需要像你这样的人，来教我们追求心中那颗梦想的星星。#5 秒法则 #

你知道吗？布赖斯当时才 15 岁！

　　在这个故事里，5 秒法则帮助马丁做了那件被一个又一个借口拖延了 9 年的事。

邮件主题：TEDx："如何不再搞砸自己"
信息：你好梅尔，

今晚我看了你的 TEDx 演讲，这次演讲非常有趣、启发人心，给了我太多精神食粮。30 岁时我从大学毕业，我一直忍受着抑郁和焦虑的痛苦，人生的打击致使我 9 年以来一次又一次寻找借口，没有继续攻读硕士学位，至此我的职涯一直停滞在行政角色上。

我接受了你的意见，重拾旧书本，复习以前的学科，并在网上寻找合适的硕士学位。

谢谢你在我需要时推了我一把，我知道现在我正身处山脚。向险峰迈进意味着我会摔跤。但我现在知道了，有了你们这些激励他人的人，我能爬起来继续前行。

谢谢你。

　　胡安妮塔学会了倾听自己的来自心底的智慧。她现在不会只"想着"找工作和"考虑"去她朋友推荐的公司，而是"现在"就拿起电话行动——猜猜她得到了什么？她的新工作正是那份她一直推动自己争取的，梦想中的工作。

😀 **胡安妮塔**

我的 5 秒法则故事：我一直在探索灵魂深处，寻找新工作，一直在问自己这是不是我想要的。我告诉自己不要再觉得目前的工作还可以了。我不再否认自己希望得到更多、需要更多，我值得更广阔的天空。这是我朋友第三次给我推荐公司了，听完你的 TED 演讲以后，我就立马告诉朋友，我要打电话去她推荐的公司了。然后我做到了！现在我在这家公司找到了新工作，这份工作比我以往应聘的所有的都要好！

上周我就开始工作了！5 秒法则万岁！谢谢你。
胡安妮塔

　　学习 5 秒法则是盖布的重要转折点，意识到他自己应该为自己的全部人生负责，他使用 5 秒法则建立起自己的虚拟现实公司，改变了他的生活。如今，他正在创造他的梦想事业。

盖布

品牌市场顾问、虚拟现实制造商

我从一个干得"差不多"的全职营销经理，转到一个可以实现自己梦想的职业，我现在正发展着自己的虚拟现实品牌。

我不再忍受"差不多"的职业状态了，先前我忘了自己才应对我的全部生活负上责任。

　　克里斯廷因男友染上毒瘾而深受连累，但自从男友掌握了控制毒瘾的好方法，克里斯廷的生活就永远改变了。每当他"吸毒欲望升起"的时候，他就会用 5 秒法则来对抗毒瘾，重新训练他的思想。他倒数 5，4，3，2，1，激发新的行为习惯，"他的心态完全改变了，开始过上正常人的生活"。

克里斯你好，

我今年夏天家庭团聚的时候见过你。当时我和我男友是你的观众。今天我要说的，不是我的故事，而是他的故事。你用 5，4，3，2，1 的法则改变了我们的生活。很多人不知道，其实我男友正在戒毒康复期。就在我们从纳什维尔见过你回来后，他终于不再去碰任何毒品了。从那一天起，每当他感觉自己想吸回毒品时，他都使用你的 5，4，3，2，1 法则，对着自己默念，转变了心态，继续他的生活。

我由衷地感谢你，谢谢你能分享你的故事。

　　事实上，勇气，是我按时起床所需要的东西。离开被窝是件令我望而生畏的艰巨任务，因为这意味着我起床后不得不面对棘手的现实问题。我不敢照镜子，怕看到已经 41 岁的自己做着糟糕的工作、过着糟糕的生活。我被压力逼得喘不过气，甚至考虑过自己可能没有能力去解决我和丈夫目前遇到的困难。

勇气也是我女儿在高中课堂上放下笔主动举手发言所需要的东西，也是你向团队提出你所担心的疑虑所需要的东西，也是孩子跟你坦白错误所需要的东西。发简历、拉黑前任，做这些事都需要一点勇气。同理，将新技术引进自己的业务、回家直面现实问题，而不是在电视机前喝酒游神，这同样需要勇气。

我收集了世界各地的人使用 5 秒法则的故事，我逐渐明晰，每个决心里都可以有仅需 5 秒钟的勇气，它将改变我们生活中的方方面面。

在人们的故事里，我听到的"勇气"一词越来越多，于是我开始思考，有没有一种充满历史意义的时刻，能助我理解勇气的本质。我第一个想到的是黑人罗莎·帕克斯。在 1955 年 12 月一个寒夜，作为黑人的帕克斯小姐静静地坐在公交座位上，用沉默来拒绝给白人乘客让座，由此引发了一场现代美国公民权利运动。

她的故事让我们明白，改变一切的不是大举动，而是日常生活中最小的举动，她从没打算在那天晚上搞出什么轰动的历史性事件。

帕克斯女士形容自己是那种"小心行事，不惹麻烦"的人。那天晚上，她只打算在工作一天后回家，和丈夫一起吃晚饭。这本将是平凡无奇的一晚——直到她的一个决定改变了一切。

出于对帕克斯女士的好奇，我从国家档案馆、传记、电台采访、报纸文章中挖掘她的资料，结果让我大跌眼镜。就在被捕几周之后，她在太平洋电台上接受了西德尼·罗杰斯的采访，国家档案馆网站记录了此事。以下是从她口中说出的这一历史性时刻。

当公共汽车开至第 3 站时，白人乘客已经占满了公共汽车前排。我上车的时候，车厢后半部分坐着的全是有色人种。这个时候，他们开始站起来给白人让座。我的座位首当其冲，是黑人乘客坐着的第一个座位。司机提醒我们，车厢前面都是白人，于是有两三个黑人已经站起来让座了。

司机往回看，要求我们占座的人起来。其他黑人乘客非常不情愿地让出了座位，但我就是不让……司机跟我说，如果我继续拒绝让座，他只能叫警察出面了。而我说了一句："你去叫警察吧。"

然后电台主持人问了她一个非常关键的问题。

在种族隔离制度存在多年的情况下，在他们认为黑人应该给白人让座的这个特定时刻，是什么让你决定坚保座位的?

她的回答很简单。

> 我觉得自己没有得到正确的对待，同样是作为一名乘客，我有权保留座位。

他再次追问她，说她已经受了多年的不公正对待，想知道她在那一刻是怎么决定的——在采访中，她停顿了一秒，然后说:

> 受不公正对待的想法一直都有，只是当我被逼让座给白人的时候，我想这一刻就来了吧。

主持人问她是不是早就计划好了，她说:

> 并没有。

主持人问她是不是碰巧发生的，她同意:"就是碰巧发生的。"

这是一个关键的细节:罗莎·帕克斯没有犹豫，也没有仔细想过。事情发生得如此之快，她只是听到了直觉在对她说"我没有被公正对待"，于是让自己跟随直觉走了。

既然她没有犹豫，她就没有时间说服自己放弃这个想法了。

碰巧的是，就在四天以后，1955年12月5日，亚拉巴马州的蒙哥马利市同样有一个5秒钟决定改变历史的事件。为回应帕克斯女士的被捕一事，蒙哥马利改善协会成立了，一位26岁的黑人牧师被群众选为领袖，领导了长达381天的公车抵制运动。在被提名为联合抵制运动的领导人后，这位年轻的牧师回顾当时情况：

> 事情发生得太快了，我没有时间仔细考虑。如果我有的话，很可能会拒绝提名。

按他的说法，那我们就太感激他还没经过深思熟虑的决定了。他迅速立下的决心，让他成为有史以来最伟大的民权领袖之一。他就是马丁·路德·金先生。

马丁·路德·金被他的同僚推到了聚光灯下；罗莎则推动了自己，因此他们都体验到了推动的力量。这是你的直觉、价值观和目标高度一致的时刻，你得以迅速采取行动，此时此刻，你没有时间找到一个有效的理由来阻止自己。

你会用心倾听你的心，让它告诉你要做什么。伟大的品质并不属于某种人格特质，它就在我们每个人的内心深处，但有时我们很难看到它。在所有人眼里，帕克斯女士是位安静害羞的人，而马丁·路德·金先生在民权运动开始的日子里，仍处在自我怀疑和恐惧的挣扎状态。

1956 年接受采访时，帕克斯女士回想起当晚的公交车，她说："我从没想过做出那件事的人是我，根本没想过。"你可能也从没想过自己有能力在工作和生活中取得成就。她的例子告诉我们，在关键时刻，我们都能找到勇气超越自己的角色。

在 1956 年的采访中，罗莎·帕克斯在电台中解释道，她被强制站起让座的社会性歧视所推动。但在这特定的场合，我认为更推动她的是另外一个因素：就是她自己。

这就是勇气。勇气就是推动你向前的力量，是当我们站起来的时候、说出来的时候、现身的时候、第一个走出去的时候、举起手的时候，或者做任何困难、害怕或不确定的事情的时候，推动我们的力量。如果你在历史、商业、艺术和音乐等各个领域上寻找各种英雄事迹，认为他们和你不是一类人，那你就错了。

勇气是一种与生俱来的权利，它在我们每个人的心里。你生来就有它，并可以随时利用。勇气无关自信、教育、地位、个性或职业，你只要知道怎样在需要的时候找到勇气。而当你需要它的时候，你通常会是孤军奋战。

这很可能是在工作会议上、在家里的厨房、在地铁上，玩着你的手机、盯着电脑屏幕、身陷思绪的时候。突然间，它就发生了。你的理智暂时退下，你的直觉会占据上风。你开始有了行动的欲望。你的价值观和直觉会告诉你该怎么做，但你的大脑却对你叫："千万别做！"这就是一个推动的时刻。你不需要回答所有问题。你只需要在5秒钟内做出决定。

丹一个人坐在电脑前犹豫着要不要注册暑期班。他想获得大学学位，作为一名44岁的大学新生，这种想法简直令人恐惧。

克里斯蒂娜也需要勇气，她在得克萨斯州普莱诺市的市场会议上有一个很好的想法分享，但又在犹豫：我的想法听起来会不会很愚蠢？

身处芝加哥酒吧里的汤姆看到了一个心仪的女孩，他一看见她，目光就定格在她身上了。他可以转向朋友们，假装讨论足球比赛，或者鼓起勇气向她走过去。

在纳什维尔，一家金融软件公司的整个销售团队都感到灰心丧气。他们已经连续三年达到了他们的目标，而目标配额再一次被提高了。

英国的艾丽斯需要催促自己出门跑步。她跑步的念头来自脸书上的朋友，但沮丧地发现自从她最后一次锻炼以来，已经有这么长时间了。

帕特尔在回家路上不禁想起一个朋友，他的儿子刚刚死于车祸。他不知道该说什么，朋友失去儿子的事实让他不敢去安慰对方。他告诉自己，过几天再打电话过去慰问也许更容易些，但他却有拿起电话的冲动，赶快跑回家，去做他能为朋友做的事。

在中国，Sy 刚刚签约成为一家新护肤品牌的经销商。她至少有十几个人要打电话联系。她看着她的电话犹豫道："赶着打电话会不会让他们觉得我很心急？"

在澳大利亚的昆士兰州，托德清楚地知道自己想要做什么，他知道自己想学的不是法律，而是体育。但在托德掌控自己的未来之前，他需要面对父母的失望。

澳大利亚奥克兰晚上 10 点 30 分，马克躺在床上。他转过身目视看书的妻子。他想和她求欢，但他预设此时看书的妻子并没有心情；他想靠过去吻她的肩膀，但又害怕被拒绝。在和妻子如同室友般相处了好几个月后，他需要鼓起勇气和她靠得更近。

这些故事都是真实的，而且只是冰山一角。**这些故事强调了渴望改变与恐惧改变之间的斗争。他们也揭示了每日勇气改变一切的力量。**

　　创意鬼才赛斯·高汀曾写道："当我们思考什么是可能的，而不是什么是需要的时，我们大脑中一种特殊的部分就会被激活。"我相信对于勇气，道理也一样。我们鼓起勇气而不是把注意力集中在恐惧上，这就是专注于解决方案而不是问题的区别，而这种微小的转变对你来说就是精神上的解放。

　　在我挣扎着起床的时候，在帕特尔挣扎着要不要给他朋友打电话的时候，在一个销售组织思考如何实现更高销售目标的时候，还有在艾丽斯想要努力锻炼的时候，有一种强大的力量推动我们付诸行动。

　　因为，勇气就是一种推动力。

　　当你愿意推动自己，即便你改变不了世界，改变不了法律，或不能带起一场民权运动，我敢保证，你能改变一件同样重要的东西——就是改变你自己。

勇气，就是一种推动力

世界上只有一个你。

除此之外，世界上不会再有第二个你，这就是你手上的力量。

第6章

你究竟在等什么

汤姆正在芝加哥市中心凯悦酒店的斯泰森牛排餐厅和同事们庆祝一项新业务的开展。他完成了今年的配额，而今天的签约胜利让他在公司业绩榜上遥遥领先。早在四个月前，妻子搬走了，他就把所有精力投身于金融科技工作，这刚好给他支离破碎的个人生活消解愁苦。当他转向酒保，想再要几瓶酒的时候，他看到了一位漂亮的女人。

此时这位女士站在吧台对面和朋友谈笑风生。她身上有股说不清的魔力，让汤姆不敢向前，他想走过去和她说话，但又犹豫不决。他有点担心，现在摆脱旧婚姻是不是太早了，同时又感到不确定：一个这么漂亮的女人愿意搭理有两个孩子的男人吗？

于是，汤姆做了一个决定，而他将在 5 秒内完成。

走到吧台那几秒里，汤姆有机会重建他的生活；会议里举起手的那几秒里，你可以改变你的工作表现；开口赞美别人那几秒里，你有可能让对方一整天心情愉快。如果你不去做，这些机会转瞬即逝，就像布莱克一样，现在她就很想"掐死自己"。

> 😊 **布莱克**
>
> 我花了太多时间去想，导致错过了时机。这位女士让我一天都非常高兴，但我没有对她表示感谢，去跟她说她有多棒。但我张开口，却什么话也说不出来。想起梅尔·罗宾斯的 5 秒法则，我就后悔得想"掐死自己"。

不管用什么理由来阻止自己——你都是错的。保持沉默并不能让你更安全；维持和睦并不能让境况变得更好。你的一切借口和理由都不明智。改善生活，并无所谓的"合适时机"。只要你行动起来，你就会发现自己的力量。这是把内心真实一面展露出来的方法——把你从理性克制的头脑中拉出来，展现给这个世界。而最好的时机，就是当内心告诉你要行动的时候。

在找人对谈、申请加薪、提出建议，或者开始做事的时候，我们浪费了太多等待时机的时间。这让我想起了冰球明星韦恩·格雷茨基的名言："如果你不做，你就错过了 100% 的机会。"关键就是——如果你做了，你就不会后悔，但你如果不做，你往往会后悔。

安东尼就意识到了这一点。

> **安东尼**
>
> 今晚我本有机会把号码给对方，但我没有做。我会一直后悔下去的。为什么生活那么艰难？！

生活本来就很艰难，但如果我们听从自己的恐惧，生活就会变得更加困难，要是我们说服自己等待，我们也阻挡了最好的去路。我们常常会这样做，不仅在酒吧里，在职场、在家庭、在人际关系中都保持着克制。

问题是，我们为什么要这么做？答案是残酷的。你可以把它叫作害怕被拒绝，害怕失败，或者害怕难堪。真相是，我们隐藏自己的欲望，是因为我们连尝试都感到害怕。

几个月前，我和我的女儿肯德尔聊天，她告诉我，等待对一个人的梦想来说是非常致命的。让我先告诉你一点背景故事，肯德尔15岁，是个非常有天赋的歌手。从早上起来直到夜里睡觉，她都想要唱歌。

最近，她的导师推荐她去纽约参加一个音乐剧导演的试演。他让孩子参演了《悲惨世界》《欢乐满人间》和《玛蒂尔达》。他认为肯德尔很有机会获得一个角色。

当导师说出这件事的那一秒，她很想说"想试镜"，但却没跟她的导师再次提起。我问她为什么要等，听到她说，自己是被自己的想法和感觉困住的，这让我感到困惑而心碎。其实令人惊讶的是她并不害怕试镜本身，至少在她考虑这件事的时候她没有害怕，她害怕的是试镜后可能发生的事。

她说她不想尝试，因为："如果我失败了怎么办，妈妈？如果我没有像我想的那么好怎么办？如果我不试镜，至少我可以告诉自己我依然很棒——我只是太懒了，没有去做我想要的东西。"

现在我们好像对"害怕"一事有了进一步的理解。害怕差劲，害怕自己没达到要求，害怕感觉自己像个失败者——没有人愿意面对失败的现实，所以我们像躲避瘟疫一样躲避现实。说实话，我在锻炼的时候就会这样。只要我避开它，我就可以假装自己身体状态很好。而我一到健身房就不得不面对现实：跑步机上两分钟不到，我就得上气不接下气地跑去厕所。其实我的身体状态一点也不好，我必须去做很多工作来弥补这件事。这就是为什么我们回避挑战——为了保护自我，即使这意味着连我们的梦想也一同被扼杀了。

我听肯德尔说她担心她不够好，然后问了她一个简单的问题：

"如果说，你的想法是错误的呢？"

这是一个很有说服力的问题，而且我们很少问自己。如果你错了呢？如果你试镜，你真的像每个人说的那样好，那又会怎样？如果你的想法确实能带来巨额生意呢？如果你今年不仅能再次达标，还能超越目标，那又怎么说？如果单身并不像你想象的那么可怕，而你的灵魂伴侣只是推迟几天和你相遇呢？你真的想因为担心而放弃这份工作，因为担忧而远离甜蜜的爱情生活，因为害怕而成为不了最好的自己？你最好不要有这种想法。

即使你真的失败了，你也可以对自己说：

那又怎样?!

就算你真的很差劲，但至少你尝试过。就我而言，试演机会本身不重要。就像汤姆在酒吧看到的那个女人，也跟你的人生成功失败没有关系。唯一相关的是你自己，神奇的力量就处在你的内心。你获得这种力量的唯一途径就是推动自己去尝试。当你出席试镜场时、走到吧台的女孩或男生面前时、在工作中举起手高声表达自己时，你就是最好的自己。

你没有办法阻止自己担心。但是，你可以避免这些担忧让你越陷越深，甚至控制你的思想。你可以坚持自我，强迫自己去思考一些赋予自己力量的事情。你把思绪放回到现在，去追求你想要的。你可以在 5 秒内开始行动。

我们参与其中却没有行动，并常常为此深感罪恶。我们总想着会有做事的"正确时机"。这种想法并不明智。在最近的一项调查中，85% 的专业服务员工承认会在工作行动上尽量避免老板的批评反馈。为什么呢？我想你已经知道答案了——他们一直在等待"合适的时机"才去把事做好。不仅对待上司是这样，你对你的孩子、另一半，你对朋友和你的同事也是如此。

所有人都容易陷入这种怪圈。沃顿商学院教授亚当·格兰特有个非常深刻而富启发性的观点，他在这本精彩的著作:《离经叛道:不按常理出牌的人如何改变世界》中说道:伟大的英雄在许多方面和常人无异:他们会犹豫、会怀疑自己、会因为自己觉得没有准备好而差点放弃足以改变下半辈子的机会。看完他们的事迹，我发现令人欣慰的便是，我们所敬佩的人，原来也需要借力以战胜他们的恐惧、内心的借口和不安的感觉，跟你我都一样。

你知道米开朗琪罗吗？他是罗马西斯廷教堂的大画家。他的背景故事你可能不知道。据格兰特的说法，1506 年，当教皇下旨，要米开朗琪罗为西斯廷教堂作画的时候，米开朗琪罗陷入了严重的自我怀疑并感到无所适从，他不仅想拖延，还逃到佛罗伦萨躲了起来。教皇只好派人跟踪米开朗琪罗，纠缠了他两年，才成功说服他开始作画。

　　还有一个故事。这个故事和苹果公司有关。1977年，当一位投资者向史蒂夫·乔布斯和史蒂夫·沃兹尼亚克出资，创办苹果公司时，沃兹尼亚克感到非常害怕和不确定，他还想"挨一阵子"就去辞职。他觉得没有准备好。最终，他是被乔布斯，被周围许多朋友，以及父母推动，才走到这一步的。

　　还记得上一章中关于马丁·路德·金的故事吗？他承认，如果深思熟虑的话，他会拒绝提名领导蒙哥马利改善协会的运动。还有罗莎·帕克斯，她承认她从来没有想过她会是那个做这件事的人。在做决定的关键时刻，他们俩谁也没有停下来思考这件事，他们不需要"感觉"准备好了才行动，这也是我们都可以去做的。我们都有伟大的能力，我相信，正是不安的感觉和恐惧让我们相信现在不是良好的时机，劝诱我们不要迈向更伟大的事业。

　　格兰特在他的书中写道："我们能想象有多少个没有被拉到聚光灯下的沃兹尼亚克、米开朗琪罗和国王，他们从未追求过他们内心初始的想法，不敢将之公之于众，更没有让想法落地的推动力。"你需要好好问自己这个问题：

你还在等什么？

你是愿意等别人来问你、来催你、来选你，还是硬把你扔到聚光灯下，还是愿意鼓起勇气推动自己？你是在等待准备充足的感觉吗？还是在等待合适的时机？等待获得信心、等待着自己真的想去做的感觉、等待被人需要、等待自己有了更多经验再说？

有时并没有下一次，也不总是有第二次机会，又或者你所剩的时间并不多，所以请别再等待了，不是现在便永远不再。当你不安等待的时候，问题不仅仅是拖延，它更会形成一种危险的思维习惯。你故意说服自己"现在不是时候"，其实是正主动对抗着你的梦想。

葆拉如果被"永远达不到想要应聘的工作的要求"的想法说服，那么她就很可能酿成大错了。

> 我刚刚申请了一份我从未想过有资格申请的工作，因为我想："为什么不试试呢？"我没有关注自己的缺点，而是强调自己已有的素质，最终得到了这份工作。以前我可能会在 5 秒后忘记这份工作，甚至一点尝试都不去做。
>
> ——葆拉

葆拉"强调自己已有的素质"，而不是关注自己的缺点，因而克服恐惧，得到了这份工作。

你可能认为你是在保护自己不受评判、不遭拒绝或惹怒他人，

但当你四处寻找借口并说服自己等待时，你就限制了自己实现梦想的能力。我对自己白白花去多少宝贵时间等待合适时机而感到讶异。从前我一直在等我确信的那一天，等我觉得自己的作品已经很完美的时候，等我强烈感觉自己要这个梦想的时候。

你可能害怕发现你很差劲，就像我的女儿一样。让我告诉你什么才是最差劲的：等到上了年纪才后悔自己从来没有追求过。当你30 岁的时候，你才会意识到，因为害怕朋友的想法，而在年轻时候让自己停留在原地，但回头看那些所谓的朋友，现在你们早已不再联系了；当你到了 56 岁，意识到自己应该在十年前就和你的配偶离婚；当你 45 岁，你希望自己曾经能鼓起勇气拿下一个项目工作，现在你才意识到，这个项目工作能改变你职业生涯的轨迹。或者，坐在大学课堂上念着父母希望你读的专业，而你早已知道自己更想读另外一个专业。

没有合适的时机，只有现在。你的人生只有一次，这就是你的人生，它不会从头开始。你得靠自己去努力、去充分实现自我，而行动的时机就是现在。

通过行动来验证你的想法。

我听到有许多人心怀一个创意或产品概念，却等待别人来验证，这很让人心碎。这样想很不好，因为等待他人来验证相当于等待梦想的破灭。如果你有表演节目或出书的想法，而你正在等待一个电视台或出版社的高层来选到你，你就已经失败了。就像酒吧里的汤姆希望他的灵魂伴侣走到他身边，选择他。或者像我一样在床上等待，等到有动力了才起床。要是等到你准备好了才去做，这件事就做不成。世界并非这样运作。

世界会奖赏那些勇于结束等待，立即开始的人。如果你梦想上电视，我可以用一手经验告诉你，你翘首等待的电视台高管，现在正在 YouTube 上寻觅那些不会等待的人。那些有勇气开始、创造，并把自己的想法付诸实践的人才会是赢家。

你想要写小说，英国畅销小说作家 E.L. 詹姆斯也是，你们之间唯一的区别是，她没有等到被允许的时候才写，没有等到合适的时机才写，没有等到感觉准备好了以后才写。她写了大受欢迎的巨作《五十度灰》三部曲，几乎风靡全世界，在 4 天之内就卖了上百万本书。她没有等到自己的书被出版社接受，实际上，她早就开始在"暮光之城"主题的博客上写小说了！她鼓起勇气从小事开始，不断突破自己，直到自己建立了信心，就开始写书，最终写出了《五十度灰》。这是一本自费出版的书，它的作者是一位有工作的妈妈，她利用仅有的空闲时间挤出这部作品。

另外，这也是格莱美获奖音乐家红发艾德被发现的原因。他 15 岁时在英格兰的一个公园里演奏歌曲，没有任何演出许可、没有文凭，也没有人会注意到。但他就是这么做成的。当你强迫自己走出舒适区的时候，你就在梦想的道路上开始前进了，梦想的追寻路大同小异。当不再去等待"正确时机"的时候，你就可以开始了。这也是获奖电视剧《大城小妞》在美国喜剧中心频道成功播出的过程。他们鼓起勇气，用 iPhone 拍摄了 3 分钟的短片，并在 YouTube 上发布。

每一个 YouTube 网红，从泰勒·奥克利，到化妆教程达人米歇尔·潘，从"酒醉厨房"主持汉娜·哈特，到游戏《我的世界》旁白"斯丹皮小猫"。他们会告诉你，如果对自己说，等到准备好了或有了赞助商才行动的话，他们仍过着枯燥寡淡的生活，而不像现在，编织着梦想，同时轻轻松松赚大钱。

无论是等待还是踌躇，还是"差不多就要做了"的阶段都不算数。就像凯拉所说的，想改变你的生活，你需要真正用行动来改变。差不多做到就是没做到。

凯拉

5，4，3，2，1，走起！我昨天差点就没去公司举办的"街区派对"，因为我觉得上班太累了……我差点就不想腾出精力和他们一起在那儿折腾了……我差点没在那些也在那里捐款的漂亮护士姐姐面前露面了，我差点就跑回家把我的派对工具交给她，我差点没在今早和她继续保持联系，最后她邀我过来和她的姐妹们一起聊天。我差点就想推脱，因为我还穿着睡裤，不擅长打扮，觉得自己还没准备好……但看我现在做了什么？我今晚已经有了 2 台电脑，明天还会有 2 台，我在 9 月就正式进入国家图书馆，现在已经是 10 月中旬了！这个故事的寓意就是 # 差不多做到就是没做到 # 放手去做 #。

实现梦想的人与不去实现的人之间的差别就在这：开始的勇气和坚持的自律。5 秒法则能扭转局势，因为它能 5，4，3，2，1，让你不再被踌躇的头脑控制，还能 5、4、3，2，1，帮助你继续前进。

让我们回到在芝加哥凯悦酒店酒吧的汤姆先生。他会走向对面的女孩还是决定等待？嗯……这视情况而定。这要看是谁在为汤姆做决定。是汤姆的心去决定还是汤姆的脑袋去决定？汤姆心里想的是目标，还是恐惧？罗莎·帕克斯为这种时刻提供了非常好的建议，汤姆需要去做"必须去做的事"。汤姆心里清楚什么事必须要做。他需要重新开始生活。

等待不会有什么帮助，等待只会让事情变得更不理想。当你坐在那里，任由大脑将恐惧和不确定蔓延的时候，你就被所谓的"聚光灯效应"影响了。它是你的大脑为保护你的"安全"而玩的众多把戏之一。

汤姆的恐惧是真实的，不确定性是可怕的。自我怀疑可能会造成严重后果。没有人想被拒绝，或者觉得自己像个傻瓜。没人想知道他们其实很"烂"。

这就是当你走进社交会议、聚会、面试、自助餐厅或开始走向你喜欢的人的时候，你脑袋里发生的事，你会感到畏惧，脑子里全是不好的后果——没有人欢迎我们时的窘态，而不会去想到积极的可能性。

但"安全"地原地踏步不是汤姆想要的，汤姆想重建他的生活，重新找到爱，这需要勇气。他鼓起勇气所得到的生活中的神奇时刻、美好和快乐，与迈出第一步时的恐惧等值。

你可以心怀不确定感但仍能准备好；你可以感到害怕但也能径直做下去；你可以害怕被拒绝，但仍然坚持下去。

5 秒勇气能改变一切。

汤姆开始计数，"5，4，3……"，他数到 2 的时候，他就开始朝对方走去。他不知道要和她说什么，他的心跳在加速，但这么多年来，他第一次感到自己不再麻木，真真切切地活着。随着他们的距离越来越近，汤姆的心跳也越来越快。终于，汤姆走到美女跟前，她转过身来，接下来会发生什么……并不重要了。

不管她是不是他的灵魂伴侣，都没有关系了。故事的结局不是最重要的——唯一重要的是故事的开头，汤姆决定重新开始生活。这就是你倾听内心的方式。无论你是重新开始约会，还是创办公司，还是在 YouTube 创建一个视频频道，你都必须鼓起勇气开始。

相信大家总想得到汤姆 "泡妞成功" 的结局。电影情节总会这么演，但 "泡妞成功" 不是重点。**生活不是尼古拉斯·斯帕克斯的美好小说，生活是艰难的，是血淋淋的，但突然间它又是奇幻而又辉煌的。**或者还有可能，这位美女已经订婚，或是个同性恋，又或者是个贱女人。不管她好不好，有没有与他共度春宵又或者步入婚姻，这位 "女人" 并不是故事中的力量源泉。汤姆本人才是。

你生命中的宝藏埋藏在你心里，而不在别人手上。汤姆是他生命中的力量源泉，而你是你生命中的力量源泉。当你听从自己的直觉时，你就能释放这种力量，5，4，3，2，1，尊重你的直觉。如果你看到了 "内心真实的自我"，那将是你得到的 "最重要的礼物"。

😊 **美乐蒂·福勒**

从达拉斯开始，我每天都会用几次 5 秒法则。它帮我清除脑袋里的负面思绪，它鼓动我去接触他人，和人聊天，做我原本不会做的事，它把藏在内心的我好好地展示出来了！对我来说，这就是我得到的最好的礼物。做真实的自己，这条法则我也教会了女儿！

谢谢你梅尔！

让 - 巴蒂斯特也看到了这一点。他写信给我说，他意识到："没有人会来带领我过我想要的生活，而采取行动是我在世界占有一席之地的唯一途径。"

> ☺ **让-巴蒂斯特**
>
> 你好！我想对你说，我非常欣赏
> 你所做的事情，以及你向世界宣
> 扬的思想。我现在 19 岁，看了你
> 的 TED 讲座和各种演讲，我明白
> 了没有人会来带领我过我想要的
> 生活，而采取行动是我在世界占
> 有一席之地的唯一途径。我相信，
> 每个人都能为世界带来一点原创
> 性的贡献。我非常认真地说，这
> 是你的功劳。谢谢你，请继续用
> 你的思想，如明灯，改变世界。
>
> 　　　　　爱你，让-巴蒂斯特
>
> ☺

正如让-巴蒂斯特所说的，我也相信每个人都可以为世界带来新的和原创的东西。我们每个人都有巨大的潜力。

想激活内心的力量，就要找到每天做事所需要的勇气来推动自己前进。当你听从你的直觉（"起床，面对新的一天，梅尔。""鼓起勇气去吧，汤姆。""好好照顾你的侄子吧，凯瑟琳。""不要放弃你应有的享座权利，罗莎。"）——这很清楚，这是你必须做的事情。

当你跟随内心时，没有什么可争议的余地。平息嘈杂大脑的唯一方法就是动起来。正如我在一开始所说，你离一个全新的生活，只差一个决定。

　　我们都害怕不确定性，在我们尝试之前，我们都想得到成功的保证。如果选择冒险，我们也想找到能成功的一丝线索。即便汤姆泡到那位美女能给你一点信心，也不能证明你也一定能泡到。泡到那女孩子或那男孩子只是一个数字游戏。任何游戏都是这样，首先你得开始动身。而想赢，你就得继续坚持下去。如果想让梦想成真，那么请做好长期奋战的心理准备。

　　生活不能一蹴而就。你必须为你想要的东西而奋斗。你知道《愤怒的小鸟》游戏吗？它的开发商是芬兰的罗维奥品牌。在开发《愤怒的小鸟》之前，他们推出了 51 款并不成功的游戏；还有复仇者之星马克·鲁法洛，你猜他试镜了多少次才拿到他第一个角色？快 600 次！即使全垒打王贝比·鲁斯也失败了 1330 次。我最喜欢的吸尘器是戴森，我感觉它即使用来吸土也依然能保持良好性能，因为发明者詹姆斯·戴森为了造出这款吸尘器，制作了 5127 个原型！而第 5127 个成功的原型足以让你下巴脱臼。毕加索一生创作了将近 100 件杰作。但大多数人不知道，他总共创作的数量是 50000 件之多。

　　你留意到这个数字了吗？ 50000 件。算下来一天得产出 2 件作品。成功是一个数字游戏。如果你一直告诉自己等待，你就不会赢。你越选择鼓起勇气，你就越有可能成功。

　　当你倒数 5，4，3，2，1 的时候，你就会发现生命中的魔力，

你向世界敞开了自己，抓住了机会和可能性。你可能得不到女孩的
芳心，得不到你想要的东西或回应，但这都不是重点。最后，你会
得到更加重要的东西——你会发现你内心的力量。

请跟随内心

请等一等，
给我时间好好考虑。

第 7 章

你永远"感觉"不到成功的把握

> "想要长大成为真实的自己,这需要勇气。"
> 美国诗人卡明斯

在得克萨斯州普莱诺市的一个炎热下午,克里斯蒂娜女士正坐在办公室里开会。她的老板召开会议,讨论如何完成一项庞大的咨询业务。这事关两家公司,并要在下星期得出决议。克里斯蒂娜在台下听讲,做着笔记,突然脑海里蹦出一个大胆的想法。

其实我们可以在色拉布(一款"阅后即焚"的照片分享应用)上创建一些"地域性滤镜",即只有身处特定地点才能看到人们在此处拍到的照片作品……利用色拉布,公司的同事就可以在本公司大楼里发布一些关于公司的讨论了,因为只有身处本公司才能看到。

　　于是她的头脑开始和会上各种酷炫的想法竞赛。会议讨论逐渐静了下来。商务部副总裁说道："这些想法都很好，还有谁有想法吗？"

　　此时，克里斯蒂娜需要做一个决定，在 5 秒之内，她就要做出决定。

　　她知道她应该参与到谈话当中，但偏偏这时她停下来想这些东西：我的想法会不会听起来天方夜谭？在这可没有人提过类似的提议啊。于是她的态度发生了转变：

　　为什么没有人想到这种聊天软件形式呀？现在她的全部思考角度都放在自己要不要把这个提议说出来了。

　　在接下来的 5 秒钟里，克里斯蒂娜可能会决定什么都不说，这种沉默模式，会逐渐形成工作习惯；又或者她选择鼓起勇气把想法说出来。另外，克里斯蒂娜还有个目标。她希望在自己的职业生涯中有所进步，并担心如果她在高管眼前再不提升自己的良好形象的话，她就会在更多晋升机会中被"无视"。为了实现这个目标，她花了大量时间想要做什么，她写信给我，告诉我她在奋力逼迫自己去做。同时，她的自信心急剧下降。

　　她读过像《向前一步》《部落》《大冒险》和《信心密码》之类

的好书。她还参加过妇女进步会议，认真听取导师的意见，在家里的镜子里练习强势姿势。现在克里斯蒂娜有了广泛的阅读和研究，她已经知道她需要做什么了——勇于分享战略思想、积极主动、向挑战迈进、提高自己的存在感、积极志愿参与能提升自己的项目，她知道为什么需要做这些事情。

你可能在想，那克里斯蒂娜为何不抓住机会把自己的想法说出来呢？这是个好问题。

答案很简单：她输给了自己的负面感受。克里斯蒂娜并不是在和主动发言这件事抗争，而是在和自我怀疑抗争。她不可能不知道应该在会议上说什么，她不知道的是如何战胜那些阻碍她开口的负面感受。

你有没有想过为什么明明某件事可以解决你的问题，提升你的生活，可要去做的时候却这么难？答案很简单。是你的感受在阻止你。我们可能没有意识到，我们做的每个决定都不基于逻辑，不基于内心，不基于我们的目标或梦想——而是基于我们的感受。

而我们在当下的感受几乎总与最佳选择相违背。就像克里斯蒂娜，她知道什么对她来说是最好的：在会议上发言。然而，此时此刻，她的感受正在让她再次反省自身。一项项研究表明，我们趋向于选择当下感觉良好或感觉更容易的事情，而不是去做那些我们打心里知道从长远来看更有益的事。

当你意识到你的感受才是关键的时候，你就有能力击败他们了。我们可以看到克里斯蒂娜在得克萨斯州普莱诺会议上的发言念头转变得有多快。不到 5 秒钟，自我怀疑就开始占据了整个脑袋。这种事也常发生在我们每个人身上。一旦你理解到感受在决策中的地位的时候，你就有机会打败它们了。所以你必须知道：

人们依据自己的感受做决定。

我们通常认为做决定的依据是逻辑或目标，但事实并非如此。神经科学家安东尼奥·达玛西奥表示，人一天 95% 的时间都是由感觉决定的。感觉先行于思考，感觉先行于行动。正如达玛西奥所说，人类是"会思考的感觉机器"，而不是"会感觉的思考机器"。因此最终你做下决定的时候——通常依据内心感受。

达玛西奥对部分大脑受损无法体验到情感的病人进行过研究。在他们身上，他发现了一件神奇的事——没了感觉，他们都无法做出决定。他们可以用逻辑描述他们应该做什么，以及选择的利弊，但最终无法做出实际选择。诸如"我想吃什么"这类最简单的决策都能让他们思维瘫痪。

达玛西奥的发现对你来说非常重要。每一次我们做出决定时，我们都会下意识地在脑中阅遍所有选择的利弊，最后得出结论：听从感觉来选择吧。这个过程只有一纳秒，因此很少人能够察觉到这些心理活动。

例如，当你问自己"我想吃什么？"的时候，你其实是在问自己："我感觉想吃什么？"同样，我问的不是"我应该起床吗？"，而是下意识地想："我想起床吗？"酒吧里的汤姆想的不是"我要走过去找她吗？"，而是下意识地思考："我感觉想走过去找她吗？"克里斯蒂娜在会议中也是如此。她问的不是"我应该说出我的想法吗？"，而是下意识地想："我感觉想说出我的想法吗？"

"我想做"与"我感觉想做"两者最终选择非常不一样，我们做出改变的决策也因此受极大限制。从逻辑上来说，我们知道应该做什么，但感觉为我们做出了决定。它在我们搞清楚状况之前就已经做好了决定。很多时候，当下的感觉很难与你的目标和梦想达成一致。如果你只在你感觉想要的时候行动，你就永远得不到你想要的。

你必须学会把你的感觉与要做的事进行区分。在这方面，5 秒法则就是个了不起的工具。

当你感到太累的时候，你会放弃跑步，

但是，5，4，3，2，1，去吧，你可以让自己去跑步。

当你感觉不想消灭办公桌上的待办事项，你就决定不去做，**但是，5，4，3，2，1，去吧，你可以让自己着手去做这些事。**

当你感觉不值得，你就不会决定要告诉他你的真实想法，**但是，5，4，3，2，1，去吧，你可以让自己说出来。**

如果你不知如何厘清行动中的感受，你就永远释放不出你真正的潜能。

这就是感觉阻止你改变的套路。当你停下来考虑你的感受时，你就会停下去往目标的脚步。一旦你开始犹豫，你就会在想你需要做什么，你会权衡利弊，你会考虑到你做这些事时的感受，你就会说服自己不去做。

我在前文已经提过，我再说一遍，因为它很重要。你不是在与坚持节食搏斗、与执行商业计划搏斗、与修复婚姻搏斗、与重建生活搏斗、与销售目标搏斗，或与打败同僚这件事搏斗——你是在与自己的感受搏斗。若是除去感觉的控制，我相信你有能力做出一些改变。

你无法控制自己的感受，但你有能力选择如何行动。

有没有想过职业运动员是怎样取得巨大的成就的？除了先天天赋与后天练习，另一个关键因素是每个人在生活中都需要具备的能力——脱离情绪控制，推动自己行动的能力。当足球比赛进入第四轮的时候，他们可能会感到非常疲劳，但他们行动的身体并没有疲劳。感受只是建议，最强悍的运动健儿和团队都选择忽略它。想要改变，你也要一样。你必须忽略你的感受，像耐克广告所说，无论如何，只管去做。

每个人都曾陷入自我怀疑的挣扎。你可以问问林-马努艾尔·米兰达，他创作了美国音乐剧的里程碑作品《汉密尔顿》，在2016年赢得了托尼奖11个奖项。《汉密尔顿》花了他6年时间。如果你梦想着写出下一个《汉密尔顿》，你很可能有这个能力。但别忘了，米兰达花了6年时间才写出这部音乐剧，在创作的每一步上，他都得与自我怀疑的感觉斗争。

米兰达最近在他的推特页面上发布了他和他妻子凡妮莎之间的对话。在3年前，《汉密尔顿》还未出版，还没体验过它座无虚席的首映场，还没出现1000美元门票一售而空的震撼场面，当时米兰达还在创作阶段，他还在与自我怀疑斗争着：

> 我一直在准备着，一方面我害怕困难在我还没准备好之前就把我打倒了，另一方面，我担心等待浪费了我太多时间。

而米兰达在这个情况下做了什么呢？他逼迫自己继续写作。因此他发了这个帖：以提醒大家人皆如此。我们每个人都在忍受着自我怀疑，唯一方法，就是冲过去。所以，5，4，3，2，1，别再想了，快去做事！

😊 **林－马努艾尔·米兰达**

这是我和妻子3年前的对话，继续写作，别想那么多。

> 我：有时候我觉得写作给我带来的成就并非像我想象得那样快到来。
> 凡妮莎：我知道的。
> 我：我一直在准备着，一方面我害怕困难在我还没准备好之前就把我打倒了，另一方面，我担心等待浪费了我太多时间。
> 凡妮莎：这是每个人每天都会纠结的事情。

　　我喜欢他妻子说的那句："这是每个人每天都会纠结的事情。"她是对的，我们每天都会自我怀疑，这才是真相。你最大的错误，就是相信感觉告诉你的胡言乱语。千万不要等到你有想做的感觉时才去做，5，4，3，2，1，快去做事！

　　让我们回到得克萨斯州普莱诺的会议上，克里斯蒂娜需要做一个决定。在过去，只要她感到不确定，她就会低头看她的记事本，什么也没说，5秒钟后，那一刻就结束了。如果她的一个同事提出了一个类似的想法（就像同事们经常做的那样），她会花整个下午的时间来怪罪自己的沉默。

但今天克里斯蒂娜做了一些不同的事情。她害怕自己将要做的事情，她能感觉到 5 秒窗口即将关闭，因为大脑要开始对她进行放弃的教唆了。在运用这条法则的时候，她感觉到非常紧张。

她默默地在脑海里倒数着，让自己从自我怀疑中安静下来，转变大脑的思考模式。

5，4，3，2，1。

倒数中断了她往常的行为模式，帮她驱散了恐惧，并为她创造一个密谋已久的行动时机。通过控制那一刻，她激活了大脑的前额皮质，以便驱动想法和行动。终于，她张开嘴说："我有个主意。"

每个人都转过身看着她，克里斯蒂娜好想就在当下死掉算了，但她还是强迫自己继续进行下去。她坐直了身子，手肘横铺占据更多桌子空间——强势姿势，并开始说话："我有一个想法，据统计，当今的'千禧一代'都使用聊天软件作为交流平台……"

大家都在听她的想法，问了几个问题，然后她的老板说："谢谢克里斯蒂娜。这个提议很有趣，还有什么其他想法吗？"在别人看来，好像没有什么惊天动地的事情发生，但在克里斯蒂娜的心里，改变生活的事情发生了。她找到勇气去成为自己在工作中想成为的人了——这是个好的开始。

克里斯蒂娜说什么不是重点，但开口说话让这一刻变得意义非凡。 对克里斯蒂娜来说，与公司的营销策略相比，分享她的社交媒体广告创意更重要。它改变了克里斯蒂娜。不只是从行为，更是改变了她对自己的看法，甚至改变了她的心态。这就是建立信心的过程——一次促成行动的努力只需 5 秒。

她利用这条法则深入内心，找到一点勇气。她在得克萨斯州普莱诺的随便一场会议里开口说话了，往常她是不会开口的，这足以证明她有能力、有智慧在工作中贡献自己的想法。

这一步虽小，却具有里程碑意义。这需要勇气。5 秒法则是她冒的险，让她能够去做大家熟知已久但不敢去做的工作建议。她在践行雪莉·桑德伯格所主张的"前倾"、塞思·戈丁所追求的战胜主控感情的蜥蜴脑、格兰特·钱皮恩所表现的"本心"，并用布琳·布朗博士赋予我们的勇气行事。

我很早之前就说过，5 秒法则是一种工具，可以立即改变行为。克里斯蒂娜就是这么用的，你也可以这么用。 深思熟虑以后，克里斯蒂娜能够战胜这种阻止她的感受。在她的职业生涯中变得更加自信和坚定。随着 5 秒法则在工作中运用得越来越广泛，她也逐步建立起自信心。

自信是你通过行动建立起来的一种技能。社会心理学家威尔森写了一篇关于心理干预的文章，里面提到了源自亚里士多德的"行于善而臻于善"的观点。它的前提是首先改变人们的行为，基于所做的事情再反过来改变人们的自我认知。

这项观点佐证了5秒法则是你的盟友的观点。它是一个与你目标和诺言相一致的促进行为的工具和促进改变的工具。它不是用来思考的工具。如果你想改变生活，要过完这一天，你需要做的不仅仅是思考。

威尔森显然对此表示赞同。他说过："我们的头脑并不愚蠢。这并不是说你可以直接告诉大脑'想开点'它就能相信你。你还得轻轻推它一下。"我认为你要做的不仅是推动，你必须冲破阻碍你的感觉，用行动打破阻碍你前进的习惯。然后，你需要用习惯性的勇气来取代每一个让你裹足不前的坏习惯。

在下次会议，克里斯蒂娜仍然需要练习每日勇气。当她有话要说的时候，她会感到不确定和不舒服。她会因要发表想法而容易陷入自我怀疑，然后，她就会犹豫和抗拒。推动的时刻就在此刻。当你的价值观和目标一致的时候，你的感觉会告诉你："不要！"克里斯蒂娜需要5秒法则的帮忙，来推动她发言。

这条法则使用得越频繁，她就能越快打破在会议中保持沉默的

习惯，取而代之的是一项新习惯：勇气。克里斯蒂娜越能表达真实
自我、说出内心的想法，她就会越有活力、与他人产生越多的联结，
变得越有力量。

　　纳特能实实在在地感受到充满勇气的力量。如今他正每天使用 5
秒法则来发展他的养生业务。

> ☺ **纳特**
>
> 天哪，你说得太对了……现在我每天都在
> 使用 5 秒法则。今天我才用它在我工作的
> 医院找到了一个充满洞察的冷市建议。她
> 是一个来看病的病人，我上前跟她聊了一
> 段，拿到了她的联系方式。在以后我们会
> 保持联系，进行商业合作。

　　另一位朋友卡萝尔要在一场学术研讨会上向她的护士同僚介绍
自己。她以"走出我的舒适区"来鼓励自己找到勇气，实现了自己
其中一个人生目标，完成了一项遗愿清单。

> **卡萝尔**
>
> 我想对你表示感谢，梅尔·罗宾斯，帮助我克服了演讲的恐惧……在 2016 年
> 5 月，我听了你在核威胁倡议协会（NTI）上的演讲，你一语点醒了我，让我
> 去为了做更好的自己而迎接挑战。"走出我的舒适区！"听了你的演讲，我非常
> 触动……我第一件要做的事，就是提交我的项目演讲报告，得到通过后，我就
> 要在我的护士同事面前演讲了。我的演讲就在"马修"飓风登陆的前几小时……
> # 人生目标 # 遗愿清单 #

当朋友亚历山德拉接到工作演讲展示的邀请时，她满脑子想的都是借口。在"5，4，3，2，1的瞬间"，她让这一瞬间给一切带来改变——这一瞬间让她有信心教导一整个研究生班！

当我被要求做第一场演讲展示（有关线上市场）的时候，我就在想："机会听起来挺好，但我真的要去做吗？这个主题并不是我主攻的主题……我还要去另外一个地方做演讲……我还得在星期六起早去！还有，我这星期已经忙死了，我很累。我什么时候才有时间做这场主题分享的准备啊？最后还有一个令人担忧的细节：他们会喜欢我的分享吗？会不会笑话我？"

但在5，4，3，2，1的瞬间，我站起来让自己想："梅尔·罗宾斯说好的时候，连眼睛都不会眨一下！"于是我就这样做了！这一瞬间改变了一切！为了这场演讲，丈夫给了我很大帮助，我反复检查了上千次，算好时间，站在镜子前不断练习。我很自豪地告诉你，这场线上市场调查的演讲课程非常成功！自此之后，我收到了更多演讲邀请，现在我甚至要给学校的研究生班级开一堂课了！

谢谢你的授课视频、你的书和社交媒体上的发文，梅尔，你让我从习惯说"不"变成习惯说"好"了！！

保持联系！
爱你的亚历山德拉

5秒法则能给你带来极大解脱，因为你不仅抓住了当下的时机，你还能感觉到自己对人生的把控感。你把说"不"的习惯改成了"好"。就像下面的吉姆所说，"永远不要低估你自己的力量"。他用

☺ **吉姆·戈德富斯**

梅尔·罗宾斯的5秒法则让我这一年过得非常出色。我把它应用在我做过的事和我参与的事上，应用在我被要求参与的活动和我立下的志愿上，我用它来避免分析崩溃症和事后诸葛，非常有效。永远不要低估你自己的力量，把5秒法则作为工具常常使用，成功人士也常用它，它能推动你实现你的目标！我对今年发生的事情感到异常兴奋！！！

5 秒法则战胜了"分析崩溃症"，这一年他过得非常出色。

正如亚里士多德和社会心理学家威尔森所说的："行于善而臻于善。"先改变你的行为，因为当你这样做的时候，你就改变了对自己的看法。安娜·凯特在使用 5 秒法则时也体会到这个道理。她是一名市场营销专家，当她在会议室的时候，她总是保持沉默，因为她担心同事会觉得她没经验、想法天真。直到她获得勇气，在工作中

安娜·凯特

"嘿，梅尔，
这是我的 5 秒法则的故事：

尽管 5 秒法则给了我很多动力，让我在非情愿状态下把自己从床上拉起来（5 秒钟之内），以便在 7 ：30 之前运用我的 30 分钟（受你的启发！）以及做其他的晨练，我的职业生涯才是 5 秒法则的最大受益点。

我在做营销，所以我们不断地留意新的想法。每一个新点子都可以发展成一整场活动，为客户取得非常好的效果。是的，只是一个小想法。为了把它们搜集在一起，我喜欢随身带着一个小笔记本，无论我去哪里，我都用它来草草记下一些快速的任务，但大多是记下想法。

有了 5 秒法则，我不会考虑这些想法的长远性，我也不会想它送上去审批能否通过的问题——这样这些想法就被搁置了。我只需要把它写在纸上。之后，我再次翻看我的笔记，并花时间评估，调整为一个合理的策略。

我曾经是一个胆小鬼，每当要发表想法，甚至写下想法的时候我都会退缩！我很有自我意识，担心人们会怎么想：如果他们觉得我没有经验或者想法天真怎么办？当把我的胆小鬼综合征放下，我的创造力就能得到蓬勃发展。现在，我不记得最初的时候在担心什么了。

谢谢你的 5 秒法则！

附注：我的团队实际上沿用了我的许多想法。
安娜·凯特

改变自己的行为，才发生了她从未预料到的事情——她的"创造力从此蓬勃发展"。

你可以感觉自己像个"胆小鬼"，但请你倒数5，4，3，2，1，勇敢地行动。勇气的核心是一种选择。当你决定去做、去说，或者去追求真正重要的事情时，请抓住每次5秒钟的窗口时间。这就是勇气和信心相互关联的奥秘。每一次你面对怀疑时，就倒数5，4，3，2，1去做就好了，做出来，你就能展现自己内在的力量。每一次粉碎你的借口，倒数5，4，3，2，1的时候，你就正视了内心需要被倾听的伟大声音。如此这般，信心就建立了——每次都是小小的、充满勇气的一步。

迈出充满勇气的一步

我本该……

我本可……

我本应……

我做了！

第8章
5秒法则的使用诀窍

想要快速实行5秒法则，最好的方式就是学我。我这有一个简单的起床挑战，你可以在明天早上做，以便快速应用5秒法则。只要把闹钟设置得比平时早30分钟，当它响起的时候，你就倒数5，4，3，2，1，把你自己从床上推起来。

改变是简单的，但不容易。

这一挑战之所以重要，有几个原因。

首先，没有回旋余地。挑战非常简单直接。要做的只有你、闹钟，还有倒数5，4，3，2，1。如果你失败了，那是因为你做了一个决定，把 5 秒法则赶走了。

第二，如果你能成功改变早上的作息时间，你就可以改变任何事情。不管你感觉如何，改变需要你刻意做出努力。如果你能用它来控制你生活的一个方面，你就可以在任何你想改善的领域去运用 5 秒法则。

第三，我想让你体验一下"行动的活化能"概念，让你知道逼自己去做一些简单的事情是多么困难。在化学里，"活化能"是开始化学反应所需的最小能量。化学家们发现，这种初始能量比维持反应所需的平均能量要高得多。那么这和起床有什么关系呢？有很大关系。从床上弹起来的能量比你起床后所需能量高得多。

有位非常著名的心理学家名叫米哈里·奇克森特米哈伊，他将这一概念应用于人类行为上，用活化能概念来解释做出改变的困难。他把活化能定义为"改变之初所需的巨大力量"——不管是让一辆抛锚的汽车重新启动还是在早晨从温暖的床上爬起来，都需要这股强大的力量。

来自菲律宾的杰尔姆写道："5 秒法则让我感觉很不舒服，因为我的身体和头脑还没有准备好接受这种法则。但我愿意去练习。"

初次使用活化能的时候会很不舒服，但我想要你去感受那种阻力，这样你就能体会到逼迫自己的感觉。

如果你没有得到那股巨大力量的推动（就像小时候，妈妈关掉电视说："今天天气那么好，去外面做点什么吧。"），你的大脑就难免让你裹足不前。5，4，3，2，1，这是一个连锁反应的开始，它不仅唤醒了前额皮质，还让你从身体上准备好这股"改变之初所需的巨大力量"。

当早上闹钟一响你就爬起来，它能给你一股力量。听到闹钟就起床，这事虽小，但说明你的内在有强大的力量去做应该做的事。另外，朋友埃玛也发现了，它能带给你"情绪高涨的一天"。

> ☺ **埃玛**
>
> 嘿梅尔！我昨晚听了你的 TED 演讲，今早直接按下闹钟就起床了，我……几年没早起过了。我从未有过如此情绪高涨的一天！我要把这条法则应用到生活的其他方面里去！
> 我想告诉你，全世界的人都在听你的课和你的名言！

特蕾西也有过类似经历。她用 5 秒法则让自己 5 点钟爬起来做运动，她的一天也变得非常积极向上。

特蕾西

美好的一天从早起健身开始，还有
#5 秒法则 # 的帮忙，谢谢你，@ 梅
尔·罗宾斯！！

如果你不能从床上爬起来，那么你将永远无法完成其他你想要
的改变。如果你采取这一简单的步骤来把控早晨的生活，你就能催
化一系列的事件，从而引导生活各方面的变化。

如何调整自己，达至成功？

1.上床睡觉之前，把闹钟放在隔壁房间。设一个比平时早 30 分
钟的闹钟。虽然像帕蒂所说，"把屁股从床上扯下来"并不容易，但
这份挑战你还是要逼自己完成的。

帕蒂

刚刚听完你的 TED 演讲，正准备设置明天的闹钟。明天提早 30 分钟起床的我一
定会诅咒死你的，但我会尽最大努力把屁股从床上扯下来！

你可能想知道为什么这项练习需要提前 30 分钟设定闹钟。原因很简单，我想让它感觉很困难，就像帕蒂说的你真的要把自己从床上扯下来一样。

2.明天早上，闹钟响起的时候，你就立刻睁开眼睛开始倒计时，5，4，3，2，1，把被子掀开，站起来，走出你的卧室，开始新的一天！不要拖延。枕头不要还贴在脸上、身影不要还在床边徘徊、不要打盹、不要爬回床上。

第二天，你能想到的场景大概是这样：闹钟响起，你就会想起床的感觉是怎样的。你会想："这个起床挑战很傻。"你会感觉累。所以你就试图说服自己"明天再开始吧"。

就像提姆一样，你会感觉不想起床，但是 5 秒法则让你有些事做，帮助你起床，协助你战胜不想起床的感觉。

> 😀 **提姆**
>
> 早上好！我要告诉你今天我用了 5 秒法则。为了去健身房，今早我的闹钟 4：30 就响了，脑袋里突然想起 5 秒法则，于是我立刻就跳起床了。我想和你说声谢谢！让我成功早起。

当脑袋里突然想起 5 秒法则，提姆就能立刻跳起床。我们很多人在生活中都有一种"我感觉不想"的态度。在那些时刻，5 秒法则能帮你开始行动，像杰茜卡一样。

我发现，5，4，3，2，1，Go 的 5 秒法则在"我感觉不想"的那些日子里很有帮助，所以，再次感谢你的建议！

"我感觉不想"的态度会占据你一整天的生活，这又是解释了 5 秒法则如此重要的另一原因。它会渗透至你生活的其他方面。问问斯蒂芬就知道了，他在第一次尝试起床挑战的前一天晚上给我写了一封信。

> 我在 YouTube 上看了你的 TEDx 演讲。明天早上我会在 6：30 起来，把被子扔掉，不再打瞌睡！
>
> ——斯蒂芬
>
> 11:27 PM

后来我问他起床的事情怎样了。他说第一次尝试很失败，但经过一段时间的练习，它产生了巨大的影响。他的心态在短短几分钟内就发生了变化，自从开始了起床挑战，他找了一份新工作，让他重新开始生活。

斯蒂芬

你问我起床的事怎么样？第一次表现太差了。我痛恨每天早上，也痛恨每一份工作。我总选择安定，很少去追求我的梦想。我总是一个"差不多先生"。

给你写信说6：30起床的时候，我已失业将近4个月。我不敢说之后我就没再打过瞌睡，但这已经带来巨大变化。我曾有过这种观念：我没有能力找到一份我喜欢的新工作，我没有能力偿还债务，为老来退休的自己储备积蓄。起床挑战的第一天非常失败，但只是前几分钟失败而已。在几分钟之内，我的心态就发生了变化，我站起来了，准备好征服这个世界。后来，我找到一份工作，为一种我非常推崇的服务做销售工作。这份工作的潜在收入不仅能偿还债务，还能为日后储备积蓄，同时也能满足享乐。

如果要综上所述的话，我喜欢帮助别人，我一直设想自己能把知识和财富资源的分享与收集作为生意，帮助人们实现自己的追求。自从9月12日开始，我的闹钟小睡按键不再奏效了，我放任自流的状态也不复存在。看着吧世界，我就要来啦，我也会把朋友带来的。

对斯蒂芬来说，"小睡按键不再奏效了，我放任自流的状态也不复存在"——这已经给他带来巨大的变化。斯蒂芬并不仅是早起了而已。他从一个趋于安定，很少追求激情的人变成了一个把生命掌控在自己手中的人，每次都是一个5秒的决定。而这一切都开始于听到闹钟就从床上爬起来的行动。

如果你能按时起床，开启元气满满的一天，提前计划，思考你的目标，专注于自身，在你陷入日常琐事之前，你就已经能完成很多事情了。这就是控制生活的第一步。

　　请记住，虽然我发明 5 秒法则的时候是为了让自己准时起床，但它的威力不止于此。它在于唤醒你的力量，并用之改变生活。

　　在你尝试起床挑战之后，请告诉我在使用 5 秒法则后的发现。你可能像史蒂芬一样第一次很差劲，但随着时间的推移，我保证这个小小的改变将会带来巨大的改变。

　　现在你掌握基础了，接下来的 3 个部分将深入探讨如何使用 5 秒法则来实现特定目标，包括提高效率、战胜恐惧、提升幸福感、丰富你的人际关系。

控制生活的第一步

我好累。

外面太冷。

外面太热。

外面在下雨。

反正已经迟了。

别想了，我们行动吧。

PART
第 3 部分

5-3

勇气改变行为

如何成为高产大神

我认为 5 秒法则是"改变的不可知论者"。它能
助力你达成任何一种欲想成真的改变。5 秒法则的
唯一局限性就在你的想象力上。如果你想养成一个
积极的新习惯，那就用倒数 5，4，3，2，1 的方
式推动自己去做。

你也可以利用这条法则，把自己从赌博、酗酒、吸
毒或各种强迫症——如纠结于团队的微观管理、困
境中易怒，或放纵自己看太多电视等这些不好的习
惯——中解脱出来。只要倒数 5，4，3，2，1，
就能控制并转移注意力，远离坏习惯或冲动行为，
然后你就能转身离开，离得远远的。就像所有的变
化一样，它非常简单——却不容易，但 5 秒法则
能帮助你完成它。

人们给我发来的邮件，主要有 3 种行为变化的经历

类型：有关健康、有关效率、有关拖延。在这一部分里，我会对这些领域进行论述。我会结合最近的科研成果策略来一步步教你，将 5 秒法则应用在 3 大生活领域里。

首先，你会得到改善健康的秘诀。你可能不会喜欢这种方式，但它很有用——你会看到全球各地的人利用 5 秒法则来完成非常了不起的事情。

其次，你将结合专注力和大脑的最新研究，利用 5 秒法则来提高工作效率。这里面有关于小睡按钮的特别真相，它对效率的影响会让你大跌眼镜。

再次，你会陷入困扰过所有人的问题——拖延症。你会了解拖延症的两种形式。我会结合历时 19 年的研究案例与 5 秒法则，助你战胜拖延症。

推动自己

你在这里学到的东西都能随手即用，
并且得到科学验证。要想发挥你的潜力，
你必须推动自己，没有别的办法。

要么你推着日子走，
要么就是日子推着你走。

第 **9** 章

改善健康

"勇气，就是在没有任何成功保证的情况下，做出承诺。"

《浮士德》作者，德国诗人歌德

我收到的信息里，有接近半数的人都像你我一样，想要改善健康。无论是减肥、增肥、降体重、降低胆固醇、养病、改善饮食，还是提高力量和灵活性——不管是什么，你都可以利用 5 秒法则来完成它。

事实上，光想着健康并不会让你更健康。即使是冥想这种偏向脑力的锻炼，也需要你真正去做。没有其他捷径可走，你必须采取行动。

具有讽刺意味的是，在我们的生活里，充斥着各种关于健康的信息、技术援助、研究和减肥方案选择或免费内容，就丰富度来说，是其他主题不可企及的。你可以用搜索引擎搜索"节食",下载前20 个搜索结果,打印出来,贴在墙上,完全照着食谱来吃。这些饮食食谱,如果你真能按照它的指示坚持,肯定会有作用。但问题往往不在控制饮食上,而在你对控制饮食的感受上。运动也是如此。

就像安娜一样,我们从不想锻炼,我们任由一些感觉阻碍我们变健康的愿望。运用 5 秒法则以后,安娜倒数 5,4,3,2,1,逼迫自己回到自行车上锻炼。

安娜

我从来都不会感觉到自己想健身的。但今天我很荣幸到梅尔·罗宾斯在 @ 汇聚奥斯汀 的午宴上说的"5 秒法则",让我受益匪浅。"所有人都知道,想得到改变,自己应该做什么。但自身的'感觉'总会成为绊脚石。"因此,5,4,3,2,1,我现在要回到自行车上锻炼了。我旁边的人要受苦了,因为我喘气的声音真的很大,这只是我第一阶段的锻炼。

是的，踩单车时确实会气喘吁吁，但谁又会在意呢？这应该比为了待在家不锻炼的种种借口好听吧。

每一餐，每个锻炼计划，每次健身房运动、健身班，每一种养生疗法，每一场交叉训练，每次冥想，每一段瑜伽都能改善你的健康。但关键就是——你得去做。这是你必须要做的事情。相信我，我非常明白这个道理。我讨厌运动，尤其是在外面冷或下雨的时候。我讨厌锻炼就像我讨厌起床一样。如果没有 5 秒法则，我就不会开始做。

为什么健康生活这么难？想必你已经知道答案了——你的感受一直在阻止你。如果你感觉自己不能吃面包很惨，你就不会坚持无谷蛋白饮食。每当你想象自己在接下来的 113 天只能吃沙拉的感受，你就会说服自己别去做这苦差事。看到了今天的健身计划，当你想到要在停车场里和一群人做 45 组俯卧撑，那种感觉得多累，所以你就不会再有想出门健身的感觉了。

坚持节食会让你快乐吗？绝对会。和朋友在健身集训里见面并一起锻炼会让你开心吗？你最好相信它会的。你可以问问梅拉妮，她在发现这条法则之前，根本离不开"那该死的沙发"。

当梅拉妮动起来的时候，就有了自由和突破，这是我们都想要的。我们只想做那些感觉起来容易的事情，当你有了这个意识，你

梅拉妮

梅尔你好，

我是来表达感谢的。感谢你用我能感
受到的语言把道理讲清楚。你的法则
让我离开了那该死的沙发，还有该死
的乱想的大脑。谢谢你让我体验到满
满冲劲，让我成为超棒的自己!

终于可以松口气了，它给了我自由，
也让我有了突破!

就能抓住健康的秘诀，非常简单——你永远不会有愿意吃苦的感觉，
你需要做的只是 5，4，3，2，1，去吧!

取消健身房预约，在免下车餐厅里买汉堡包当作一餐，在脸书
上浪费时间，想要偷懒，这些事情比在健身房气喘吁吁或参加健身
课程来得容易。但如果你想减肥、节食、经常锻炼，你必须做的只
有一件事:

**别再思考自己的感觉了，你的感觉不重要。唯一重要的就是你
的行动。**

埃丽卡深知这一点的重要性。即使踏上了减肥之旅以后，她仍
然发现自己会失去锻炼的动力和总有不去健身房的借口。

每当埃丽卡意识到自己"从来不会想锻炼"的时候，她已经能

嘿，梅尔!

我可是你的大粉丝。去年我看见你在美国有线电视新闻网上的节目，就深受启发。现在，我关注你的推特快一年了，你富含哲理的发文帮助了我很多，但最大的功臣还属你的 5 秒法则。

我终于在今年滚去健身房了。之前一直想去健身减肥，但计划已经拖延了几年。就在今年，我减了近 30 斤，除此之外，在健身的过程中我还会有失去动力的想法，我经常会有各种借口，比如我工作太晚了、没有时间等等。

我前几星期看了你的博客，我发现你竟然洞察到我内心所有的事。我是从来不会感觉到自己想去锻炼的，但如果我想得到成效，我必须去锻炼。

我一直在使用 5 秒法则，今天是连续第 7 天没有错过锻炼了。偶尔我还是会不想去锻炼，但我是有目标的人，如果我能在 5 秒内说服自己去锻炼，我就成功了。

期待你的新书!

祝好，
埃丽卡

够找到 5 秒窗口期推动自己采取行动。这样看来，健身锻炼可以说是 100% 的精神锻炼。你的身体不会去你不想去的地方。因此，5 秒法则在你的健康生活中就能起到扭转胜负的作用。

　　你该怎么使用 5 秒法则……

　　5，4，3，2，1，去健身房。

　　5，4，3，2，1，放下垃圾食品甜甜圈，吃一个健康的烤鸡胸肉。

　　5，4，3，2，1，远离烘焙店，即使刚出炉的面包和甜点在橱窗里像是难以让人抗拒的海妖。

　　这个世界上有很多比你更胖、更懒、身材更走形的人，用倒数 5，

4，3，2，1 的方法，让自己拥有全新的身材、全新的心态和生活。

像查利一样。这个家伙第一次找我的时候重达 383 磅（1 磅 =0.4536 千克）。他的腰围是 54 英寸（1 英寸 =2.54 厘米）。看下面的脸书照片你就知道他有多胖。

查利

今天是"健康青草汁"饮食打卡的第 529 天。
我减肥前体重 383 磅，腰围 54 英寸。
现在体重 283 磅，腰围 37 英寸。
改变这一切的就是动力！！！
我的减肥道路从 2015 年 1 月 15 日开始，但如果不是 5 秒法则，我肯定到现在还没开始呢！
2014 年 2 月 28 日的时候，我看了一场 TED 演讲，
梅尔·罗宾斯的《如何不再搞砸自己》。
其中有个非常重要的概念就是 5 秒法则。"如果你有一个想法、冲动或好主意，假若不把想法与行动联系在一起，你就永远得不到实现！"
看完演讲以后，我就把 5 秒法则应用在行动上。
那一天，我第一次对自己说我想要帮助和影响他人，而那时，我在 5 秒以内做出了行动，我说出了一件我非常想做的事，我还把它写了下来！"把想法付诸行动。"我想我应该给梅尔发邮件，感谢她。通常我是不会去做的，但在 5 秒之内，我真的去做了。结果梅尔回复我了，我们还通了电话。这对我影响很深，我从没想过我可以发展到这一步。
自从 2014 年 2 月开始，我慢慢找回了自己的生活，这就是这些年的变化：
1. 减肥 176 磅。
2. 我正从事教导工作，帮助他人。
3. 我差不多达到超重男人的标准（肥胖致病，快要死去）。
4. 我坚持喝果汁，坚持了 300 天。
5. 我做了 25 场演讲（希望未来有一天能上 TED 演讲）。
6. 我一直践行着 5 秒法则，把我的思考、主意和冲动转化为行动。因为不行动，你永远不知道它能领你走向什么道路。
永远不要退出，永远不要放弃！爱你。
谢谢梅尔·罗宾斯，她让我在 5 秒之内认真对待生活。

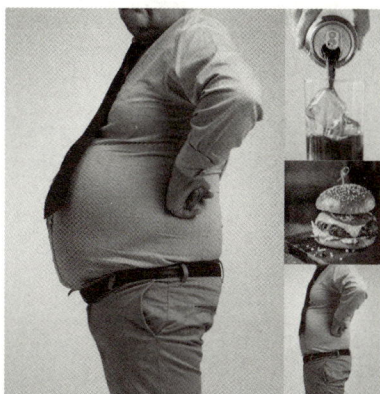

看着他减肥前的照片，我能想象他有多难受。下图是现在的他，现在他在享受着自己的生活。现在他已经成了另外一个人。他是怎么做到的？是那些青草汁的功劳吗？你可能会说真难吃。但这正是他实现目标所需要的。如今，他经营着一项名为"健康青草汁"的生意，帮助人们做最健康的自己。

连续 529 天，这个人强迫自己遵守自己的承诺。为什么呢？不
是因为他感觉想要，而是因为他说他愿意。想象一下，如果查利在
接下来的 529 天里想着减掉 176 磅而不是真正去喝青草汁，会发生
什么？什么都不会发生。亚历山德拉也通过喝健康果汁找到了健康
的生活方式。

你好呀，我是巴西的亚历山德拉！！
我想说说有关 5 秒法则的经历：

每天我都会用至少 1 小时喝果汁！这些绿色的、自热的、橙色的、红色的新鲜果汁改变了
我的生活，我喜欢它们，但我的生活好忙呢。

每天下午 5：30 打开邮件，我都会收到一堆邮件，邮件上满是市场计划和报告等待我处理，
所以我常常几乎会想"要不今天就不喝果汁了吧"，但绝对不行！

我深呼吸并想：邮件不会自动消失，如果我晚交报告两小时也不会有人受到影响吧……于
是我就倒数 5，4，3，2，1，去喝果汁！这方法很奏效，每天屡试不爽。

查利和亚历山德拉都发现，当你跟随直觉，用行动走向更健康
的生活方式时，改变就不知不觉在你生活中发生。

帕金南跟我描述他的感悟：开始需要勇气，坚持下去也需要勇
气，与世界分享也是需要勇气的。减肥是需要勇气的，因为有时候，
正如帕金南所写的那样，你所在的地方和你想要去的地方之间看起来
很遥远，所以我们常无法面对实现目标需要做的工作。

嘿，梅尔，
在我的一生中，我一直是超重状态。现在我第一次尝试节食。我感到迷失、陷入困境，但我坚持前进。我总有一种强烈的不安全感和脆弱感。你能解释一下为什么吗？

简单的回答是，你的现实和理想间有条鸿沟，它会让你感觉无法跨越这个鸿沟。这种感觉是正常的，但任由这些感觉占据你的大脑就是一种自虐。

这就是我喜欢查利的原因，我喜欢他穿短裤露出大肚皮的照片。任何人都可以推动自己来缩小理想和现实间的差距。让查利的故事来激励你从今天开始，让他的成效鼓励你坚持下去。

现在，我想让你见见另一个人。马克正在让他在图片分享社交应用 Instagram 上交的朋友来监督自己。他计划一个月做 5000 个俯卧撑？不会吧！俯卧撑我每天只能做 5 个。

为了进阶我的健身水平，我在脸书上宣布，我要在 7 月份内做 5000 个俯卧撑、2000 个引体向上，跑够 20 万米。除了这些，在这个月里，我还要陪孩子度过半个月的假期、写完有关提升生意价值的书、卖掉我刚起步的生意，因为我知道 5 秒法则的厉害。期待你的新书，梅尔·罗宾斯的生活方式。我正用自己的生活来证明你的建议是有效的，爱你，梅尔！！

每日的自律锻炼也能帮助他完成写完有关提升生意价值的书和转卖生意的事业目标。每天马克在锻炼的时候，他都带着写书的初心，帮助他完成书的撰写。去吧马克！等你的书出了，记得发文告诉我们。

一个月做 5000 个俯卧撑有点多，因为它可能会让你吃不消。但没有问题。那就来个健康挑战怎么样？看看阿努克的做法，她在第 3 周的锻炼练习。她告诉我们关于健康和锻炼的简单的事实："我真的真的真的不想做，但不管怎样，我还是会去做，加油加油加油！"

祝你好运，酷女孩阿努克。你也非常棒——特别是在当你不想做的时候推动自己采取行动。

坚持第三周

阿努克
我真的真的真的不想做，但不管怎样，我还是会去做，加油加油加油！就像梅尔·罗宾斯说的："你从来不会想做的！"这场健身坚持到第 3 周了。

如果你觉得把想法落实到行动会让你深感压力，那就看看艾丽斯吧。她是一个来自英国的 19 岁女孩，她写信给我，因为她的生活"一直很糟"。以下是她的描述。

　　我患有焦虑症和恐旷症，病症真的把我害得好惨。我体重增加了大约 30 磅，这让我更加痛苦，因此我更不愿出门了。此外，我还受到来自父母的压力，父母要我在这个学校读这个专业，为了取悦他们，我只好说服自己并无大碍……你的视频真的让我陷入深思，这真的是我想要的吗？我真的是"还好"吗？我是不是应该得到我想要的人生？

　　说实话，这要花一些时间，但我看了你一星期一次的演讲以后就有了冲动，想……

她的本能告诉她要做真实的自己。她渴望维护自己、控制自己的生活。她有改变的冲动。所以她就去做了！她和父母坦白了，而且换了专业。

　　我被自己选的大学录取了，也报到了我自己选的课程。我将于今年 10 月毕业。至于我的体重，自去年 12 月以来，我已经通过健康饮食减掉了 28 磅，养成了良好的锻炼习惯，这一切都归功于你的 5 秒法则。

　　我希望没有占用你太多的时间，但是我真的想告诉你你的演讲对我产生了多大的影响！我还有很长的路要走，但是每当我觉得自己在逃避的时候，我就会再看一次你的演讲！

　　这就是它所需要的。艾丽斯做的事情需要勇气，诚实地面对自己想要的东西需要勇气。需要勇气的还有坚定自己，开始去做。通常，第一步是最艰难的。如果在朝梦想迈进的途中偏离了轨道，你可以调整姿态，重新回到正轨。"脱轨"是正常的。有些时候你会感觉不舒服。记住，你可以重新把它掌握在手中，只需要 5 秒钟。

　　问问克里斯汀。她在图片分享社交应用 Instagram 上说了一些非常重要的东西——第一步，起床是最难的。但是你值得这样做。不管你经过了多少天的锻炼，每天，开始都是最困难的。

克里斯汀
第一步——起床是最难的。但当单车轮开始转动，一切都是值得的。#5 秒法则 # 在健身路上 # 自拍 #

　　还记得我让你从起床挑战开始体验 5 秒法则吗？你在其中也能体验到"行动的活化能"。这是开始做某件事所需要的力量，这正是克里斯汀所说的。她是对的，这是值得的。事实上，学着推动自己，冲破借口，向你梦想的生活、体形和未来更进一步，没有什么是比这个更值得的了。

也许你的健康挑战不是关于健身的，也许是一些更可怕的事情，比如对抗疾病。你并不孤单，你每天都需要勇气来治愈疾病、去生活、去保持坚强。很多人都写过关于癌症和健康方面遭遇挫折的文章，他们想知道怎样才能恢复勇气和力量去抗争。5 秒法则就是一种工具，你可以用它来找到内在的力量，去面对严重的疾病。

格雷格·齐克是一个鼓舞人心的人。他曾处于癌症三期。他做了什么呢？诊断出癌症以来，他已经跑了 10 次马拉松了！难以置信吧？

格雷格·齐克

@ 梅尔·罗宾斯 自诊断出三期癌症，现在我在德国汉堡完成了第 10 次马拉松。你启发了我，谢谢！

格雷格·齐克

@ 梅尔·罗宾斯 谢谢你！今天跑得非常好，谢谢你的启发。# 汉堡马拉松 # 马拉松 #

也许你的挑战不是跑马拉松，也许你的健康意味着有勇气去做每年一次的乳房 X 光检查。当《早安美国》的主持人艾米·罗奇第一次被要求在乳腺癌意识普及月里进行乳房 X 光检查直播时，她最初的内心反应是："怎么可能！"她与这个疾病没有任何关系，也不想让自己那么高调。艾米求助于罗宾·罗伯茨，她是一名主播，也是一名乳腺癌幸存者。在艾米告诉罗宾她从未做过乳房 X 光检查以后，罗宾的回答是：

> 艾米，这就是问题的关键。没有人比我更清楚，我知道被人们看着你接受医学检查是多么不舒服。但你能拯救一个生命，这种力量远富有价值，你永远不会后悔。我敢保证它能挽救一条生命。就在你走向乳房 X 光机，揭开这个检测的神秘面纱时，有人就筛查出了癌症，不然他们不会知道的。艾米，80% 乳腺癌女性患者并没有家族病史。

于是，艾米在罗宾的化妆室里做了个决定，去做乳房 X 光检查。几星期后，她又回到直播节目上，被告知她在电视直播中做的检查挽救了她的生命——她被诊断出患有乳腺癌。艾米做了两次乳房切除手术、八轮化疗，现在她已远离了癌症。

虽然艾米在做决定的时候并没有使用 5 秒法则，但是在关键时刻，她得到了罗宾的推动，并在 5 秒以内做了决定。幸亏她做到了。你可能没那么幸运，有一位同事在旁推动你，但是你可以给自己一个推力，5，4，3，2，1，去吧。

改善健康全在于行动。你可能不能像查利一样减重如此之多，也不会像格雷格那样跑马拉松，但是你可以推动自己去看牙医、锻炼身体，或者去医院做乳房 X 光检查或前列腺检查。当你像刚刚读过的许多人一样推动自己，那么被改变的生活就是你自己的。

生活就是我们做出的选择。我在这本书中反复说过，你可以选择你的行为方式。如果你的目标是变得更健康，你需要做的通常是直截了当的。选择一个坚持的计划，任何计划都可以，然后倒数 5，4，3，2，1，去做吧。你需要做的唯一选择就是在每天选择去做，即便像阿努克说的那样，你真的真的真的不想做了。

我说过，你要做的事情很简单，但我没说这很容易。我向你保证，这是值得的。**锻炼和健康可以归结为一个简单的法则——你不必感受到自己真的很想去做，无论如何，只管去做吧。**

只管去做

跑向下一公里吧，
那里从不会人满为患。

第 10 章

提高效率

> "除非你做了，不然什么事都不能奏效。"
>
> 玛雅·安吉罗

生产力可以归结为一个词——专注。掌握生产力需要有两种专注力：第一，处理干扰的能力，这样你就可以时时刻刻把注意力放在手头的任务上；第二，在大图景下找到什么对你来说才是重要的事，这样你就不会把时间浪费在无关紧要的蠢事上了。

我们将探索这两种专注，我会带你浏览最新的科学研究，学习使用 5 秒法则来掌握专注的技巧，让你把时间花在最重要的地方，以及妥善处理干扰你注意力的事情。

认真对待干扰注意力的事。

　　管理干扰就像坚持健康目标一样。你永远不会感觉自己会很专注的；你只要让自己去做就行了。现在你已经知道手机、聊天、回复邮件就是干扰……但杜绝它们感觉是不可能的。

　　即使你知道应该关掉弹出提醒，把你的手机调至静音状态，不要再每隔 5 分钟就查看邮件，了解这些并不能改变你的行为。我可以用成千上万的科学研究告诉你这些干扰的影响有多大，但它也不会改变你的行为。这时 5 秒法则又可以起作用了——你不必等到想去做的时候做，你只需要强迫自己去做就行了。

　　首先，你必须知道哪些干扰是不好的。任何类型的干扰都是你的工作效率的致命杀手。研究显示，开放式办公空间就是专注的天敌。检查电子邮件也是，你可能会上瘾，因为你会常常沉溺于行为研究学所说的"随机回报"。你必须清楚地知道，你的目标比推送通知更重要。就是这么简单。

　　然后，把干扰都移开。我没有说这有科学依据，我也没有告诉你这个步骤很简单。但我向你保证，如果你使用 5 秒法则，你就能做到。当你开始排除干扰，并能够专注于当下的事情时，你"不会意识到"它能带来多大的帮助，正如卡伦所写的。

卡伦

你不知道你对我的帮助有多大。你意识不到你每天都在影响我。请接受我来自心底的感谢。🙂

最近，我和上高中的女儿肯德尔谈了这件事。她喜欢社交媒体，但会在手机上花去过多时间，这严重干扰了课业。此外，经常与名人和超级模特发文比较以后，她会出现不安的心理。

就像所有人一样，她知道在做家庭作业的时候，社交媒体会让她效率大大降低。肯德尔认为，脱离干扰的最好方法是远离诱惑——所以她把图片分享社交应用和修图软件 VSCO 都删掉了。

她说道：

> 删掉后，我才意识到这些东西对我的生活是多么地不重要。这些应用留在我的手机上的时候，我就会无意识地点开来看。现在这些应用已经删掉了，我就不再想去看了。

让人分心的不仅仅是电子产品和社交媒体。对萨拉来说，她的杂物是生活中最让她分心的事。她曾用 5 秒法则来抵抗囤物强迫症，倒数 5，4，3，2，1 来告诉自己堆积如山的物品要捐掉、重复利用掉、卖掉，还可以扔掉。

> ☺ **萨拉**
>
> 现在我正用 5 秒法则来清理自己的生活。我有囤物强迫症，这逐渐发展成比较严重的问题。在清理我的杂物的时候，我就利用 5 秒法则来帮助自己，而且很有用。这几星期以来，我捐了很多东西，把它们进行重复利用，不要的东西卖出或直接扔掉。现在不再被这些没用的东西阻碍自己的生活，那感觉实在太棒了。

通过用 5 秒法则来清理自己的垃圾，萨拉现在感觉"太棒了"，也不再被这些垃圾"阻碍自己的生活"。让你不再像肯德尔一样，被社交媒体分心，或和萨拉一样，被环境所分心，这就是 5 秒法则在当下能发挥的巨大力量。你刚刚如梦初醒，现在是时候改变你的环境了。5，4，3，2，1，消除干扰。这个方法非常简单，同时回报也很大。

接下来是要掌握更加困难但更强大的第二种"专注"类型：专注于大图景。我利用 5 秒法则做这件事的最极致的经历，就是在起床这件事上争取到了自主掌控权。

把控早晨时间

控制早晨时段是提高效率的关键。我通过建立起有规律的时间表来控制早晨的时间。阿莉莎发现，在建立起自己的早间计划以后，她开始能"掌控"自己的生活了。

阿莉莎

我现在开始有点迷恋 @ 梅尔·罗宾斯的生活了。我喜欢她说的话，也正用她的 5 秒法则来起早床（我很讨厌早起，但我想爱上早起）、吃早餐（喝咖啡，我一般不会去喝的），直到做完这些事我才去碰手机！我要清空我的大脑，认清自己的目的和计划，一整天都由我掌控！

星期一 # 动机 # 梅尔·罗宾斯

就像阿莉莎所说的，当你遵循自己的早晨时间表的时候，你就在确认自己的意图。当滴水穿石之时，这些每天所坚持的小事就能触发你意想不到的结果。

晨间时间表的方法源自美国杜克大学的丹·艾瑞里教授。艾瑞里认为，每天早上醒来以后，前 2 ～ 3 小时是大脑状态最佳的时刻。所以，如果你早上 6 点起床。你思维状态高峰和效率窗口期大概就是早上 6 点半到 9 点，以此类推。

也许你早上的状态和我们一样，大多数情况都是忙碌混乱的。我要给狗喂食，准备好早餐，敦促 3 个孩子收拾好出门，这会砍掉你大脑的思维高峰期至少 1 小时。因此如果我想成为自己生活的主人，我就必须认真对待我早晨的时间。解决方式只有更早起床，这样，在被日常琐事"劫持"之前，我才能把时间和注意力集中在我的大目标上。

下面是我调整时间表的过程，学会把注意力放在我的优先级上。

我的日常时间表

1. 闹钟一响我就起床

当说到起床挑战的时候，我们讨论过这个问题的重要性了。闹钟一响我要起床，就这样。为了提高效率，你绝对不要按小睡按钮。
我为这本书做研究的时候还发现，这其实是有神经学解释的。

你知道睡个好觉对高效工作来说很重要，但我敢打赌你不知道
你起床的方式和优质睡眠一样重要。**科学家最近发现，当你按下小
睡按钮时，它对大脑功能和工作效率产生的负面影响长达 4 小时！
让我告诉你为什么。**

我们一个睡眠周期是 90 到 110 分钟。在你醒来两小时前左右，最
后一个睡眠周期进入最后阶段，你的身体开始慢慢准备起床。当你的闹
钟响起时，你的身体处于醒着的状态。要是你按下小睡按钮再次睡着，
你就会让大脑不得不又开始一个 90 到 110 分钟的新的睡眠周期。

当闹钟在 15 分钟后再次响起时，大脑皮质区域，即负责决策、
注意力、警觉性和自我控制的大脑区域，仍处于睡眠周期。因此闹
钟虽然再次吵醒了你，但大脑皮质区域还没醒——从按下小睡按钮
开始算起，它还需要 75 分钟来完成睡眠周期。

**这种"睡眠惯性"状态可以持续 4 小时，你的认知功能才能恢
复到完全正常的状态，所以即使你按下小睡按钮偷睡了个懒觉，还
是会觉得自己昏昏沉沉的。这并不是因为你没有得到足够的睡眠，
而是因为你按下了小睡按钮，你就要开始一个新的睡眠周期，然后
又打断了这个睡眠周期。当你按下小睡按钮的时候，我可以预想你**

今天早上不可能有最佳状态了。

所以，我会对起床保持非常认真的态度。闹钟一响，不再按下小睡按钮，立刻起床，没有商量的余地。

2. 我把闹钟放在卫生间，去卫生间关闹钟

我和丈夫在卧室或床头柜上都不放手机或闹钟。那我们把它放在哪儿呢？放在浴室里。

这个距离，对电话铃响和手机闹钟来说是比较近的，但对手机和小睡按钮的诱惑来说，它又足够远。如果手机放在床头柜上，我会不经大脑就拿起手机，躺在床上玩了起来。你知道，这种罪恶感你也会有。如果它触手可及，我们就很容易无意识状态下拿起手机来玩。大多数成年人在起床之前都会在床上玩一会儿手机，而德勤公司最近的一项研究报告显示，有三分之一的成年人，其中二分之一 35 岁以下人士会在半夜醒来后查看手机。我把我的手机／闹钟放在浴室里，这样我就不会养成随便拿起手机的习惯，为自己睡个好觉做好准备。

3. 起床刷牙，集中注意力开始新的一天

我用 3 ~ 5 分钟的时间洗脸、刷牙、用牙线清洁牙齿，然后把

思绪集中在我真正想做和该做的事情上，也就是"我要做的事"和
"我的大目标要做的事"。这不是待办事项，这是"必做事项"。这
个时候，我很容易在脑海里搜寻我的想法，比如一两件我感觉不
想做的事，但这些事我必须做——为了实现我的目标、梦想和拓展
商务。科学研究人员称之为"SMART 目标"（Specific，具体的
目标；Measurable，可衡量的目标；Achievable，可实现的目标；
Realistic，现实的目标；Timely，及时实现的目标）。我把这些事称
为保证目标不断推进的必做事项。这通常是我不想做的"破事"，就
像墨菲所说的。

> 😊 **墨菲**
>
> @ 梅尔·罗宾斯 我看了你的 TED 演讲，现在每天早起 1 小时，终
> 于能逼自己去做那些我不想去做的破事了。努力都是值得的，谢谢。

4. 穿好衣服，整理床铺，走进厨房，倒一杯咖啡

**你有没有注意到我还没做什么？到现在为止，我还没看手机或
上网查邮件。为什么？因为我知道一旦拿起手机，我就会丧失注意
力。当你查看电子邮件、阅读新闻或浏览社交媒体的时候，你就把
别人的事情放在了优先级里。**你认为比尔·盖茨和奥普拉会躺在床
上看社交新闻吗？当然不会，而你也不应该这样做。你必须先把自
己放在第一位，所以在做好一天的计划之前，不要去看手机和邮件。

5. 写下 1 ~ 3 个 "必做事项"，并写下它们为什么重要

我在文具店里买了便宜的每日记事本，记下了我今天必须要做的一件、两件或三件事——这些都是我要做的事。这件事很重要的原因有三：第一，我是一个视觉型的人，所以写在本子上我才有印象；第二，加利福尼亚州多明尼克大学心理学教授盖尔·马修斯的研究发现，通过简单写下目标，就能将实现目标的可能性提高 42%。

把目标记在本子上意味着我一整天都能看到它们，这会不断提醒我该采取行动了。而 "为什么这件事很重要" 的陈述，让我想起目标的重要性，并能给我做这件事以额外的推动力。

而如果我把它们放在电子日历上，我就会忘记它。有一半的时间，我会出现一种奇怪的健忘现象，就是走进房间后忘记进房间的意图，所以我得把它们写下来，"把自己和必须要做的事情紧紧绑在一起"。当这些事躺在我每天经常翻阅的计划本里时，我就能得到视觉上的提醒。"必做事项" 提醒我去做这些任务。你也可以在记事本、日历或任何一个载体里——只要把它们写下来，放在你常见的地方，就像莎伦一样。

😊 **莎伦**

@ 梅尔·罗宾斯 我现在正在被自己的计划表控制着。#5 秒法则 # 谢谢。

6. 制订今日计划，使用"7 点半前 30 分钟"工具

在拿起手机或上网查看邮件之前，我会计划并执行掉最重要的"必做事项"。我会使用一个工具，叫作"7 点半前 30 分钟"。

我在早上 7 : 30 之前花 30 分钟来计划我的一天。在这段时间里，我要么开始处理两到三个任务，要么就安排好时间，在当天晚些时候把它们完成。如果我在家，我就从早上 7 点开始这个计划环节，那时正是最后一个孩子坐上校巴的时间。这 30 分钟对我的成功来说至关重要。

通过计划好一天来保证自己"专注于正事"，正如杰里米所做的，会让你更有效率，成功地达成今天的目标。

杰里米

@ 梅尔 · 罗宾斯 我最近把你的 5 秒法则发挥得淋漓尽致！它让我效率提升不少，让我专注于正事。谢谢你！

"7 点半前 30 分钟"的工具在办公室就做不了。你只能在家、在你最喜欢的咖啡厅、在火车上，或在停车场的车里做这件事，我不是在开玩笑。当你走进办公室，回复第一封邮件或第一个电话时，你今天的掌控权就一去不复返了。

苏内 · 卡尔松教授在研究首席执行官们是如何达成如此多成就

的——这中间的秘诀是什么？他们会在家工作 90 分钟，因为"在家有集中注意力的机会"。而在公司里，他们反映，每 20 分钟就会被打断一次。我跟你说过"干扰"对你来说意味着什么，它意味着效率的死亡之吻。

那么，为什么计划这么重要？为什么要先完成最最重要的事情呢？ 这还有一个原因。

艾瑞里博士说过，每天起床后第 2 ~ 3 小时是大脑最能专注于任务，以便完成个人或职业目标的时间。 在这段时间里，如果把不重要的事情摆在其中，那是非常不明智的做法。

回邮件、接电话，还有开会，这些工作很容易占据你的时间表，让你很难有机会对人生做重要改善。为了你的个人幸福，为了保卫深度工作所需的时间，你一定要牢牢把握住每天开始的前几小时，为它而战。

如果你能去做两件你认为重要的任务，那就说明你能在你想做的事情上获得进展——并获得长期奋战的胜利。

起早床并做好一天的计划对你会有很大好处。问问玛丽就知道了。

玛丽

我非常喜欢你在 TEDxSF 的演讲，听完以后，我立刻写了一个博客，并开始写书。我已经连续几个星期 5 点起床，享受着早起给我带来的巨大好处。现在我把每天要做的事情在日记本里列下清单，把我要做的常规事项完成。

通过早起（不要赖床！）来快速开启新的一天的早晨、列出清单、建立仪式感，玛丽已经能够控制自己的时间，确定优先级，挤出时间写一本新书。几星期后，我又问玛丽，早晨仪式进行得如何，她这样回答我。

今天是我第 54 天在 5 点前起床并完成我的计划程序了。5 秒法则能督促我在寒冷的冬天从被窝里爬起来，去做"第一件事：健身"。

玛丽

这真是太棒了，玛丽，成为自己主人的第 54 天。托尼也是这么做的，他发现他能够"每天早上 5 点回到健身房了"。

🙂 托尼

@ 梅尔·罗宾斯 自从 1 个月前在 MPLS 参加了你的 5 秒法则训练以后，我已经能逼自己每天 5 点跑到健身房去锻炼了！

我知道早起很难，并且还要立刻投入运动，但当你倒数 5，4，3，2，1，找到击败畏难感的活化能，你就不仅仅能成为自己一天的主人，你还能激活内心最伟大的自我。

7. 计划自己的下班时间

我在这本书的研究中学到了这些东西：除了计划我一天要做的事情，我也计划自己何时休息。这样做有它的必要性。每天，当我开启新一天的时候，我会决定什么时候停止工作，和家人一起享受时光。为自己暂停或重新定向设置最后期限，这有两个目的：一是让我在使用时间时更有目的性，而这让我更有效率。

心理学中有个概念叫帕金森定律——工作会自动占满一个人所有可用的时间。 所以，请给你的工作一个期限吧。最后期限对于工作的持久力和精神健康都至关重要。它迫使你集中注意力，认真对待下班后的休息。这是一种休息，我们都需要和家人在一起，同时让我们的大脑找时间进行必要的休息、充电和重新启动。我没有撒谎，我曾经不得不使用 5 秒法则强迫自己倒数 5，4，3，2，1，关掉电脑，我认为已经超出自己允许的工作量了，所以我决定休息。

使用这种日常工作计划，结果是不可估量的。这就是我在投入奔忙的一天前把时间留给优先级的做法。我感觉对自己更有控制感了，因为我从闹钟响起的那一刻起就拥有了自主行动力。我对目标更加明晰（这有助于发现机会），因为我已经明确定义了 2 ~ 3 个大图景下的必做事项，为我达成目标而努力。

如果我注意到自己偏离了计划或分心了，那就是该向 5 秒法则借力的时候了。我利用 5 秒法则，5，4，3，2，1，回到计划轨道上。当然，你可以创建任何工作日程计划，但是如果你还在想办法开始，那么请你尝试一下我的方法。很多人都发现，把锻炼、冥想和感恩环节加在他们的日程里，效果都非常成功。你可以在实践中找到对你来说最有效的方法。

　　我告诉你的方法都很简单、直接明了，而且很有效。你可以将之定制为适合你的方法，但做出计划后，不管如何都要 5，4，3，2，1，去做。当你真正做成自己一天的主人，正如克丽斯蒂所说的，这将是扭转胜负的一步。她在公司里获得了最高职位，目前"非常兴奋"。

😄 **克丽斯蒂**

我发现我可以推动自己打破那些我觉得不可能的限制。而做到的方式简单得犹如 5，4，3，2，1……谢谢你，梅尔·罗宾斯，你的演讲，真是彻底改变事态发展的一场演讲。我知道了，不管你想要的是什么，只要你足够努力，它都是有可能实现的！我认识了不少让人深受启发的人，这让我爬到了我司的最高职位。我从中学到了很多工作上的技巧，我的脑袋正在快速运转，非常兴奋！

　　现在，轮到你去推动自己了。

向 5 秒法则借力

在完全预备好前开始，
不要为开始而准备，
请直接开始。

第 11 章

终结拖延症

"去吧，开始吧。"

诗人 威廉·华兹华斯

5秒法则是对抗拖延症的神秘武器。在我们深入了解如何使用5秒法则之前，我们先要定义拖延，什么属于拖延，什么不属于拖延。在为这本书做研究的时候，我惊异于拖延症的定义，在此之前，我的理解完全是错误的！

令我惊讶的是，拖延症还有两种形式：破坏性拖延，这是在逃避需要完成的任务；有效性拖延，这是任何创造性过程中的重要组成部分。

让我们从积极的有效性拖延开始说起。

有效性拖延

如果你正在做一个创意项目或生产一个创新想法，研究表明拖延不仅是好的，而且是至关重要的。创意的产出需要时间，所以当你把创意项目放在一旁，搁置几天或几星期的时候，你的大脑就能到处漫游。把额外的时间花在精神上的漫游能给你能力，让你想出更有创意的、更具"发散性"的想法来优化你的项目。

对我来说，有效性拖延是非常具有解放意义的概念，尤其是在我努力写这本书的时候。在认识到有效性拖延之前，我总是不断地自责，我一直感到筋疲力尽、文思枯竭，因此自认为是一个不称职的作家，懒惰又无能。事实上，这种规模的创意过程确实需要时间。

我的大脑需要休息，更需要时间游荡。这本书比我计划的还多花了 7 个月的时间，但结果比我想象的要好 100 倍。如果你没有得到你想要的结果，不妨给这个项目一些时间，让你暂时把精力集中在其他地方，然后用新的眼光再次回到这件事上。

所以，如果你正在做一个创意项目，并且没有固定的截止期限，你让工作搁置几个星期并不代表拖延，因为你可以让思绪游荡一阵。这就是创意产生的过程。那些因有效性拖延而产生的新鲜想法会让你的成果更优秀。

破坏性拖延

破坏性拖延是另一种完全不同的拖延。破坏性拖延是我们深知拖延会有消极后果，却仍然逃避需要做的工作。这个习惯最终会反咬你一口。

我们每个人都有一堆似乎永远做不完的事：更新相册、分析电子表格、完成提案、清理父亲的房子，或为自己的生意拓展制定任务清单。这都是我们必须做的事情，但却发现自己常刻意回避。

伊夫林发现自己在拖延，感到自责："在此之前，我曾在各个方面都怀疑自己。"这条法则对她产生了效用，她说："我为自己感到惊叹！！"

伊夫林

梅尔，昨天我我利用起 5 秒法则，成功起床了……在此之前，我曾在各个方面都怀疑自己。每当要开始做的时候，我都会停下来……我怀疑自己一无是处，却又觉得自己能做些什么……现在我把起居室、厨房、客厅都收拾干净了，洗完 7 大筐衣服，感觉实在太棒啦！这仅仅是变化的开始，我为自己感到惊叹！！我下决心报名了，我丈夫也是，我已经准备好行动了！！！

当她倒数 5，4，3，2，1，就去做，伊夫林能够忘掉自我怀疑，径直把事情做完了，成效让自己都感到印象深刻。

她可能不知道自己为什么在拖延，而我们大多数人也不清楚。在很长一段时间里，人们认为拖延意味着时间管理技巧不到位、缺乏意志力、缺乏自律。但孩子，我们都理解错了。**拖延症不是懒惰的表现，而是面临压力的应对机制。**

拖延和压力的关系

卡尔顿大学的心理学教授蒂莫西·皮切尔研究拖延症已有 19 年之久。皮切尔博士发现，导致拖延的主要原因并不是逃避工作，而是逃避压力。拖延症是"潜意识寻找当下良好的感觉"，这样你就能释放一点压力。

我们都犯的一个常见错误是，认为人们主动选择拖延。事实上，大多数受拖延症困扰的人告诉研究人员，他们感觉对拖延失去控制力。他们是对的，因为他们没弄清楚拖延的真正原因。

我们会因为压力而拖延。关键就在这里……你倍感压力的并不是要做的工作本身，而是更大场景下的事务：金钱、人际关系，或是具有普遍性的人生问题。当你暂停工作或学习，花 15 分钟进行网上购物或观看昨晚比赛的精彩内容时，你会从你感觉到的巨大压力中得到小小的解脱。

这就像精神食粮一样。当你避开困难事情的时候，你会得到一种解脱感。另外，当你做着你喜欢的事情时，比如在脸书上浏览或在热门视频网站里寻求慰藉，你就会得到短期的多巴胺刺激。你拖延的情况越多，你就越有可能重复这种行为。但问题在这里：你企图从猫咪视频中得到一个小小的解脱，但随着时间的推移，你所逃避的工作会给你生活带来更多的压力。

斯科特就是一个很好的例子。他写信给我，是因为他想找人帮他"从自己头脑中解脱"。他说，身边的人总是说："你自己就是唯一阻碍自己前进的人。"他们说得很对。

斯科特是一个在生理学实验室做研究的博士生，他结婚了，他和妻子刚刚生了第一个"最漂亮的男孩子"。他是这样描述自己生活的。

在家庭里，一切都非常好，除了巨大的财务压力，这很容易联想到，因为我还在读书的状态。我的问题是，在日常生活中，不管是在学校还是在实验室的工作中，我总感觉自己有必须完成的任务，这已经开始成为一个问题了。基本上，我总会拖延，直到我错过了截止日期或已经影响到了其他人。

我对自己有很高的期望，每天晚上睡觉前，我都会告诉自己，明天将会是一个新的开始，我将用充沛的精力去处理每一件事。但是，日复一日，我都没有达到这个状态，而对我自身来说，克服这一困难的信心也渐渐消失了。我觉得我在生活中难以达到潜力十足的那一刻，这让我很绝望。

看完斯科特的自述，你会发现他陷入了对自己失望的恶性循环中。我完全可以理解，因为这就是我挣扎着要按时起床的感觉。斯科特知道他需要做什么（着手完成工作），但他似乎总不能让自己真正去做。

他的自述给了我一个很好的机会来解释拖延时到底发生了什么。他告诉我们，他和妻子正承受着"巨大的财务压力"。财务压力会让人感觉不舒服。这也解释了为什么他会拖延，是为了从财务压力中得到暂时的解脱。还记得吗？用更容易的事情代替困难的任务时，我们会得到暂时的情绪提升和控制感。

这似乎是违反直觉的。但斯科特在实验室一直没去做该做的工作，是因为他想从生活中的财务压力中解脱出来。

那么他到底该怎样走出这个怪圈呢？幸运的是，这里有三个基于科学研究的简单步骤。并且，5 秒法则会帮你——5，4，3，2，1，开始干活。不管你是像斯科特一样逃避工作，还是像伊夫林那样逃避清理房间，还是像 @JLosso 一样不想锻炼，你都可以用这个法则来战胜拖延症。

> 😊 **@Jlosso**
>
> @梅尔·罗宾斯 我看了你这周在LTEN的演讲……
> 5，4，3，2，1……从那以后，我就每天都去锻
> 炼了……

第一步，原谅自己

科学研究告诉我们的第一件事是：你需要原谅拖延的自己。这并不是唱着毫无意义的空泛的圣歌，这是科学。

还记得我们在前文提及的卡尔顿大学的那位教授吗？皮切尔博士与人合著了一篇论文，研究发现，原谅自己拖延的学生在下一次测试时拖延的可能性更小。这听起来好像不太合乎情理，但心理学家们发现的一个问题是，拖延者们很难从自身开始行动。

朋友崔斯科在她能够原谅自己之后，改变了自己的生活。

> 😀 **崔斯科**
>
> 5秒法则！快去看 @ 梅尔·罗宾斯的演讲吧，她的演讲能改变你的生活，你不会再对自己的拖延感到内疚（就像我以前那样）。你可以去达成自己的目标，为自己的梦想而活。

当她不再自责的时候，也不再拖延了。你说神不神奇！

你也可能像赖恩一样，他给我写了一封信，告诉我他正处于开拓商务的初始阶段。他说，尽管非常希望这个创业项目能成功，"出于对失败的恐惧，我实在很难让自己花必要的时间，真正做出行动"。

> **赖恩**
>
> 我刚刚看完你的 TEDx 演讲！我有一种冲动想要见你，联系上你，所以我写了这封信。我正处于新产品开拓商务的初始阶段，并且想在各种网上资料中确认这项商务的可行性。我并没有很多钱，所以尽管我很想让这件事做成，出乎我意料的是，出于对失败的恐惧，我实在很难让自己花必要的时间，真正做出行动。你的演讲驱动了我，让我不管输赢，至少做些努力！感谢你所做的一切，我们非常感激。

我喜欢他最后说的："不管输赢，至少做些努力！"

诚实对待自己，承认专注在需要做的事情上是非常困难的，这非常需要勇气。

另一个完美的例子是实验室里的博士生斯科特。还记得他说的话吗？他说他"对自己有很高的期望"。每次拖延，他都会感到羞耻和罪恶。当独立克服拖延的信心开始消退，这些消极的感觉给斯科特带来更多压力，因此这让他更有压力，拖延也变本加厉。

所以，让我们把这个建议应用到斯科特身上。第一步，原谅自己，不再进入死循环。斯科特，你得花 5 秒钟时间，倒数 5，4，3，2，1，原谅自己，放过那个因拖延而惹怒他人的自己，放过落后的自己，放过不能发挥全部潜力的自己。如果你能意识到是财务压力让自己在实验室工作中拖延了，那么现在你就有机会施展自己的能力并掌控局面了。顺便提及一句你的期许，你希望获得掌控感，这样才能达成你的目标。所以现在你希望成为的那个人，能给予你帮助。

这就引出了第二步。

你将来想做什么？

请允许我解释一下。皮切尔研究团队对人们"当下的自我"和"未来的自我"做过大量研究。其中"未来的自我"是我们想成为的人。有趣的是，研究证明，当你能描绘出"未来的自我"是什么模样时，它会让你更客观地在当下驱动自己行动。在实验里，研究人员给人们的照片进行智能老化处理，给人们看他们老去的照片，看过照片的人更有可能为退休存钱。我想这应该就是"愿景板"在起作用。它帮助你展望未来的自己，同时这也为当下你所面临的压力建立非常好的应对机制。所以，斯科特先生，为你自己建一个愿景板，或想想当博士学业压力都离你远去以后的生活是什么样子的，到时候，你就是斯科特教授了。当你觉得自己在拖延的时候，就问问你自己，"斯科特教授"会怎么做呢？

这就引出了第三步。

先从 5 秒法则开始

最后，当你了解了拖延症的根源以后，皮切尔博士最喜欢给的建议就是："直接去开始吧。"不只是他在谈及开始的重要性。研究人员称，建立新习惯最有力的方法之一就是"创造一个开始仪式"，而最好的开始仪式就是 5 秒法则了。现在，当我理解了拖延和建立习惯的科学原理，我就可以解释为什么你要"直接开始"了。

- 如果拖延是一种习惯，你就必须用一种新的积极的方式（需要开始的行为）来代替不好的行为模式（需要避免的行为）。
- 当你觉得自己犹豫不决、为逃避而去做一些更容易的事情，或逃避工作时，只要使用法则，5，4，3，2，1，督促自己开始做正事。
- 让我们回到思科系统公司的工程师提出的概念："心理控制点"。拖延让你对自己失去控制感。当你坚持住自己的控制权，并开始行动，你就能控制当下的行为和生活。

当丹妮拉把这条法则付诸实践的时候，她感到自己"充满力量"，并且觉得"自己具备能力"。她的故事向我们表明了，战胜拖延的好处不仅超出工作领域，还能进入生活中更重要的领域。它能够改进"我和自己的关系"。

> **丹妮拉**
>
> 我和自己的关系有了提升。现在我更加信任自己了。我感觉自己充满力量，深感自己具备能力。它就像我自己的魔法咒语。现在开始就去做些什么吧！（谢谢你，梅尔！）
>
> ☺

我在整本书一直强调，倒数 5，4，3，2，1，并付诸努力，这能够转换你脑袋中的想法，让前额叶皮质助你开始行动。每次使用这个法则的时候，它就会变得越来越容易，不再拖延，只管开始。正如 Sy 发现的，她告诉自己，要做的"只是打个电话、回复电子邮件、完成一些愚蠢的工作而已……"这就是完成一切重要事务的秘诀。

> ☺ **Sy**
>
> 梅尔你好，我正写信来感谢你，谢谢你的 TEDx 演讲。我在前几个月的时候看了你的演讲，从那以后，我就一直告诉自己："只是打个电话、回复电子邮件、完成一些愚蠢的工作而已……虽然我很不喜欢做这些事，但做完这些事，我能得到我想要的东西。"我很高兴，在养成这个习惯以后，我已经做完了一个大项目。谢谢你，给了我们一个非常棒的演讲！😄

即便 Sy 自己不喜欢去做，她也已经养成了立即采取行动的习惯——并用这种心态完成了一个巨大的项目，并"得到我想要的"。

让我们回到实验室，回到斯科特的案例中，他可以利用法则来倒数 5，4，3，2，1，督促自己在短时间内采取行动工作。现在他已意识到他的拖延症的根源（财务压力），并且原谅了自己（这是非常重要的一步）。只要他描绘出自己在未来的样子，他就可以开始倒数，争取自己的控制权，只要身子移动到办公台，就能开始工作了。当他发现自己偏离计划轨道的时候，他可以再次倒数 5，4，3，2，1，重新控制住自己。5 秒法则能让你更容易进入工作状态，这将帮助斯科特控制回他的工作，并且让自己充分准备好以应对财务压力。

安德烈也用这条法则来克服拖延症，并采取行动向目标努力。安德烈目前 16 岁，但他已经学会了克服拖延症的方法，还开始写书了！他说从前自己总是有借口：比如他没有准备好、太忙、不够聪明。这条法则帮助他摆脱那些借口，现在他正着手为自己的书努力了。

☺ **安德烈**

现在我非常有冲劲践行自己的想法，我依靠自己的这股冲劲，进入了这个"网络世代之变"的团体（这个团体致力于社区服务），现在我是这个团体的主席。我也通过行动去接触大学环境，为目前自己的学业目标而奋斗。现在获得的不少成就，都是因为当时我有冲劲的时候，在 5 秒钟以内拥抱了自己的想法。目前我的目标是写一本书，这个愿望我一直空不出时间来做，因为我老是有一堆借口：比如没准备好，比如太忙，或不够聪明。这个法则帮我克服了这些借口，我只要把这些积极的想法和目标写下来，并搭建起实现目标的桥梁。每当我看见写在便签条上的目标：汇聚自己的创意作品，我就会往前走一步，做出尝试，这让我改变了自己的人生。

　　安德烈的故事告诉我们，不管处于任何年龄、抱有任何目标，我们都有能力对自己负责，内省自己的心，往前走一步，做出尝试，甚至改变生活。着手开始非常重要，因为你也会得到心理学概念中的"进步原理"，它表明，只要有任意类型的进步，包括微小的胜利，它就能提高我们的情绪，提升我们的幸福感和生产力水平。

　　最重要的是，只要你开始一个项目，你就会触发大脑的一种机制，不断暗示你要坚持下去。正如我之前提到的，研究人员已经发现，我们的大脑对未完成任务的记忆比已完成的任务要好。一旦你开始了，你的大脑就会不断地催促你去完成这个任务。

　　我还告诉过你，我按小睡按钮的习惯是一种拖延症。现在我明白为什么它是一种拖延症了，因为它让我暂时摆脱了生活中更大的压力，所以我才会去不断地按小睡按钮。现在我回想起来，当时我就是通过创造一个"开始仪式"来打破这个习惯的——这个仪式就是5秒法则。我按小睡按钮的习惯被一个积极的新习惯取代了：倒数5，4，3，2，1，然后站起来开始新的一天。7年后的今天，我仍然每天倒数着早起。

　　总而言之，这才是用5秒法则来战胜拖延的有效方法：从小事做起，利用它的力量来推动自己。对于自己一直在逃避的事情，请每隔15分钟提醒自己一次，然后，休息一下，看一些猫咪视频放松。你也可以大声喊出来，虽然一直顶着拖延的压力，但请给自己一个喘息的机会，毕竟你是带有情绪的人，而不是毫无情绪的机器。

　　所有这些都只不过是常识。你需要克服自己早已心知肚明的逃避心理，每次一点点，逐渐战胜拖延症。在这本书中，我们反复强调的是，除非你能克服触发坏习惯的感觉，并强迫自己开始行动，否则你永远改变不了现状。

克服逃避心理

你要么找到的是一个解决方法，
要么找到的就是一个借口。

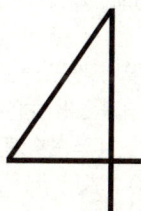

勇气改变你的思维

如何成为最幸福的人

在接下来的三章中，你将一步步以最新的科学研究作为基础知识策略来使用 5 秒法则，去战胜恐惧、停止忧虑、管理或治疗焦虑，同时改变你的思维方式。

如果你在电视上看到我作为美国有线电视新闻网的评论员，或者在《成功》杂志上读到我的专栏文章，你很容易就会认为我天生就具备勇士的自信。当你看我的 YouTube 视频、TEDx 演讲，或在舞台上看到我真人的时候，这种假设只会得到加强。是的，我现在很自信，但我不是生来如此。在我成年后的大部分时间里，我虽是一个嗓门很大的外向者，但会被深深的不安全感所困扰。自信是我多年来通过实践每日勇气而建立起来的一种技能。

很多人都不知道我患焦虑症有 25 年多。在我第一个女儿索耶出生的时候，产后焦虑症让我变得非常衰弱，甚至在头两个月里我还不能和她单独在一起。近 20 年来，我一直在用抗抑郁药左洛复来控制自己的恐慌症。我与自己的思想斗争是历历在目的，有时还是非常可怕的。

当我第一次发现这个法则的时候，我用它来改变我的行为。这条法则创造了奇迹，伴随每日勇气的行动，它渐渐成了我的第二天性，我的信心也随之增强。然而，焦虑并没有消失，它还在那里，一直潜伏着。我就集中精力学习如何与之共存，管理我的焦虑，确保自己不会任由它蔓延到让我恐慌的地步。

大约 4 年前，我在想能不能让 5 秒法则的功效超出肢体行动，从而改变自身的想法。因为我已经看到了它对其他习惯的影响——那为什么不试着用它来打破焦虑、恐慌和恐惧的心理习惯呢？毕竟这些负面想法只是我们重复的思维模式而已。

我考虑过用 5 秒法则来改变我的思维方式，开始用它来打破爱担心的习惯。当我掌握了这一技能后，我又用它来控制我的焦虑，还有战胜对飞行的恐惧，结果很有用。

当我写这句话的时候，我可以告诉你——我已经治好了自己的焦虑。我已经好几年没吃过抗焦虑药左洛复了，而且病也没复发。我不再有担心的习惯。还有对飞行的恐惧呢？也消失得无影无踪。我为提高生活质量所做的事情，其中最棒的就是学习控制我的头脑，指导我的思想，消除自己的恐惧。现在我几乎从不会担心了。即使面对偶然浮现的担忧念头，我只需要倒数 5，4，3，2，1，把注意力引向

解决方案而不是担心问题本身。我用 5 秒法则改变
了自己的想法，变成了我所遇见过最快乐、最乐观
的人了。现在，我的思想在为我工作，而不是与我
作对。

现在，轮到你了。

首先，你会学习利用 5 秒法则来戒掉忧虑成瘾和消
极的自我对话，你还会学习到习惯的科学原理，以
及感恩的力量。

其次，你将深入了解焦虑和恐惧背后的知识：它们
是什么，它们不是什么。我会教你一步步阻断、重
构，最终消除生活中的焦虑。

最后，你可以利用科学证实的技巧来对抗任何恐惧。
以我对飞行的恐惧为例，用 5 秒法则结合"锚定想
法"来防止恐惧占据你的头脑。
你要学到的东西非常简单有效，你还可以把它教给
你的孩子。

生活是精彩的。

同时也是非常恐怖的。

与此同时，它又是精彩的。

在精彩与可怕之间，夹杂着平凡、单调和无趣的日常。

在精彩间深吸一口气，在恐怖间屏住呼吸，在平凡日常间呼气放松，这就是生活。

心碎的生活、治愈的生活、精彩的生活、可怕的生活、平凡的生活，美得让人无法呼吸。

——L.R. 克诺斯

第 12 章

不再担心

"想想诸多世间之美还陪在你身边,请你快乐起来。"

《安妮日记》作者 安妮·弗兰克

在你做过的许多生活上的改变里,停止担忧这一改变能让你创造最大的积极影响。你别不信,习惯担忧的态度都是被教导出来的。当你还是个孩子的时候,你常会听到父母为你担心地唠叨:"小心点。""戴上帽子,不然会感冒的。""不要坐得离电视太近。"作为成年人,我们会花大量的时间和精力去担心那些我们无法控制的事情或者可能会出错的事情。我相信,当你走到生命尽头的时候,你会希望自己没那么畏首畏尾。

卡尔·皮勒摩博士是康奈尔大学人类发展学的教授,也是"遗产计划"的创始人。他会见了 1200 名老年人,讨论生命的意义。他对这些老人的感悟深感"震惊"。在生命的尽头,大多数人都有着同

样的遗憾：我希望自己没花那么多时间来担心。他们的建议非常简单直接："担忧是对你宝贵和有限的生命巨大的浪费。"

你是可以停止忧虑的。5 秒法则会教你怎么做。担忧是大脑心态的默认选项，当你没有注意周围环境的时候，你的大脑就会让担忧来提醒自己。而关键在于，在陷入担忧之时及时抓住你自己，然后用 5 秒法则重新获得精神上的控制。下面就是一个例子。

我丈夫最近拿到了摩托车驾照，刚买了一辆小型二手摩托车。昨天，我坐在房子里，看到他把摩托车从私人车道上搬下来。当他在马路上开着摩托车的时候，我注意到自己的心立即开始往忧虑的方向去想了。

我担心，他会不会被车撞，成为今天新闻里的一个死伤数据，或者我很快会接到警察的电话，告诉我他出车祸的消息。我在 5 秒之内就被"担心"劫持了，非常地快。但你知道吗？我的担心并不会保证他安全，也不会阻止事故发生。正如"遗产计划"中一位 83 岁老人说的，"担心"并不会解决任何问题。这只会让我一直处于紧张状态，想着丈夫克里斯这位新手正骑着摩托车，我没办法享受当下的好时光。

当我发现自己在担心的时候，我就用 5 秒法则，5，4，3，2，1，去想一些更积极的东西——比如他在开车时脸上的微笑。

讽刺的是，克里斯其实是一个自行车老手。他在铁人三项中参加过比赛，而且总是独自在路上进行40到50英里的训练，这我从来没有担心过。但现在我竟然担心他在马路上时速10英里的驾驶。这还有可能出错吗？当然可能会，但通常不会。

当你开始利用5秒法则阻止自己的担忧时，你会惊讶地发现自己的大脑常常很容易变得消极。我的大脑天天都会这样，真是糟透了。每一天，我都在与之抗争。有些时候，我必须用十几次5秒法则来控制自己的想法。就在几天前，我一次又一次变得非常忧虑。

我的几个女儿从秘鲁的服务旅行回来，我的思绪就飘到了飞机失事、航班延误、在安第斯山脉悬崖坠毁、公交车事故、行李丢失，以及女儿被困机场的种种场景。实际上女儿们都好好的，如果没有5秒法则的帮助，我的一天都会被担忧搅和了。每次我发现自己的思想正转向负面，我会对自己说："噢，你不要这样……"然后把自己指向一种让我开怀大笑的想法——比如女儿们在厨房跟我们说起这次旅行的趣事。

爱的感觉常常引发忧虑

还有一件事让我惊讶，担忧的思绪往往以隐秘、飞速的方式控制我的头脑。

每当我体验到幸福和爱的时候，我就会感觉到担心，这真的很神奇。

今年春天，看着我 17 岁女儿的时候，就是这样。当时的情形很是神奇，当我的爱正膨胀的时候，我深感一阵爱的潮水涌上心头。但随之，毫无征兆地，一股担忧的思绪涌进我的脑海，偷走了这幸福一刻。当时我感到的只有害怕。

当时我们在购物中心。女儿索耶正在试穿高中毕业舞会要穿的礼服。那是一个漫长的下午。我们进入第三个服装店，她不知不觉就试穿了 40 多件衣服——而她对每一件衣服都不满意。要是告诉她，她看起来很美，她的心情只会更糟糕。

我和她在试衣间里，把试穿过不满意的衣服放回衣架上，然后递给她下一件礼服。我开始担心我们永远找不到她喜欢的那件礼服。我递给她另一件衣服，说道："让我们把这三件衣服试完，不行就走吧。"我打算离开更衣室给她一些空间，然后打电话给克里斯。

突然间，索耶从更衣室对我喊道："妈妈，你能进来一下吗？"

我试图从她的声音里读出什么，但分辨不出她到底是哭了，还是很沮丧，需要帮忙拉拉链，还是别的什么事。我打开门，看到她身穿一件拖地长裙，我在镜子里看到她的样子，用一个词形容她，就是魅力四射。这条裙子非常完美。这条裙子是桃色的，有漂亮的花边，是粉红色的。这就是她想要的——没有闪闪的亮片、没有蕾丝，后背要敞开，颜色要鲜艳。我们俩的眼睛都被镜子里的她吸引住了。

"妈妈，你觉得如何？"

这时，我感觉到眼泪正涌上来。当她还是个婴儿的时候，我记得也有一次类似的感情触动，当你深爱着一个人的时候，这种情绪能把你淹没。那天半夜，我醒来，去她房间看她，我独自站在她的婴儿房，看着她平躺着，两只手臂举过小脑袋，看到这里，我就要被这股爱的浪潮迎头一冲——我惊叹于自己竟能如此爱着一个人。当时，我的心好像要爆炸了一样。

这就是我站在商场更衣室外面的感觉。我觉得自己正体验着爱的感觉。但就在这个时候，一股忧虑涌上心头，偷走了我爱的喜悦，没有任何征兆。我想到她要去上大学、要结婚、要为人父母、住在离我很远的地方，随着时间的流逝，她会变老，而我终有一天会走到生命尽头。我的一生在我眼前迅速闪回。人间如隙，时光如驹，我觉得我正在失去她。悲伤和失落让我不知所措，我的眼里充满了泪水。

索耶看我情绪激动，以为是衣服的缘故。连忙说："啊，妈妈。

别哭了。你哭我也会哭的。"但我哭是因为害怕看到她长大,我哭是
因为时间过得太快了,我希望它能慢下来。忧虑夺去了那一刻我所
有的快乐。它把我从索耶身边拉走,把我带到黑暗地带。在这里,
我无法好好享受当下,惊叹于女儿的美丽,我感到的只是恐惧。

担忧和恐惧就是这样劫持你的头脑,夺去你生活中的魔力和奇
迹的。布琳·布朗在为作书《真正的勇气》而进行的研究中发现了
这一现象。她发现,人们在快乐的同时会想到一些最坏的场景,比
如在和孩子享受拥抱的时候,就会担心他身上会发生不好的事情,
这种感觉是非常普遍的现象。为什么我们难以坦然地快乐起来?
"因为我们一直想克服面对困难时自己那份无力和脆弱。"布朗博士
如是说。

**当你的思绪把你带去某个悲伤、阴暗、怀疑或消极的地方时,
你不用被它牵着鼻子走。**我喜欢海因写给我的这句话:"在 99.999%
的时间里,它一直是我脑子里捏造出来的假象。"

> **海因**
>
> 自从我第一次看了你的 TED 演讲,我慢慢
> 理解了我脑海中那个负面的声音就是我最
> 大的敌人,它不仅影响着我的自信心,还
> 影响了我向前行动和建立自我认同的能力。
> 我会自我怀疑,害怕他人的看法,从而扭
> 曲自己的每一次决策和改变。我最大的挑
> 战就是不要害怕他人的看法,这一点意义
> 也没有。太好了!谢谢你的鼓励和推动!

　　当你发现自己内心的声音是你的"敌人"时，就像海因和我所经历的那样，其中很重要的事情就是"停止担忧"，并且建立意识，在5秒钟内，你完全可以重新掌握控制权。

　　我开始默默地数着，"5，4，3……"，当我数的时候，我可以感觉到体内的恐惧正在变弱。倒数能把我从思绪里拽出来，把我放回当下。它让我从忧虑转向专注。我并不想让大脑剥夺我和女儿的这段美好经历，我也不想养成这种坏习惯：虽身处当下，却让大脑臆想出一幅生动的虚幻图景。

　　于是我问了自己两个简单的问题："在这个时候我该感激什么？在这一刻我要记住什么？"当你问这两个简单的问题时，你的大脑就会停留在生物层面。为了回应你，你必须以当下的状态来评估你的生活、人际关系和工作。

　　它迫使你专注于生活的积极方面。一旦要专注于你感激的事物，你就会开始感恩而不是担心。身处女儿的更衣室，我很清楚问题的答案。我很感激有这么一个年轻的女人来当我女儿。经过3小时的折腾，我也很感激她找到了一件合乎心意的衣服。

　　凯蒂也用这个法则来反思她所感激的事，还有控制担忧的习惯。

> 我在加利福尼亚的凯安尼会议上看到你了，这次会议我差点就没去。在离开我 5 岁的女儿以后，我就莫名地受到焦虑和罪恶感困扰。我现在也在处理离婚的事情。但……我遇见了你。你的话也给了我非常大的灵感。在知道 5 秒法则的推动力量之前，我就在使用 5 秒法则了。当时每天我要是不在状态的时候，我都以泪洗面。
>
> 现在，我还在每天用 5 秒法则帮助我锻炼……锻炼自己不要伤心……锻炼自己多点感激之情，不要被离婚的事束缚手脚……因为离婚的事情我们都还不确定，这问题并不大。我正在接受，生活中不是所有事都是完美的。
> 凯蒂

生活中没有什么是完美的，根本没有。但是你可以倒数 5，4，3，2，1 来让脑海里喧嚣的对话安静下来，学会欣赏生活中的小瞬间，比如感激你有个好女儿。

感恩带来的不仅仅是感觉良好。据神经科学家亚历克斯·科布说，它通过激活脑干区域产生多巴胺，来改变你大脑的化学环境。随着忧虑的消失，我深深吸一口气，走进更衣室，走近我的女儿，把手放在她的肩膀上。我们的目光在镜子里相遇。

"嗯？妈妈，你觉得呢？"

"我想卢克看到你会得心脏病的。你看起来多漂亮啊。"

控制担忧

要是你觉得害怕，没关系。

当你做着让你害怕的事，

说明你正在做一件非常非常勇敢的事。

第 13 章

停止焦虑

"你要控制你的头脑，不然头脑就要控制你了。"

古罗马诗人贺拉斯

当习惯性担忧导致情绪失控的时候，焦虑就出现了。作为一名终生焦虑患者，我非常清楚焦虑的脾性，它会死死抓着你不放，那样子别提多可怕了。但我也知道怎么去战胜焦虑。答案就是，将5秒法则与一种称为"重构"的策略相结合。

战胜焦虑的关键是理解焦虑。如果你能及时识别焦虑，当它到来时重新构建自己的想法，你就能稳定头脑，在它升级为崩溃恐慌前控制住它。随着时间的推移，每次你使用5秒法则的时候，你的焦虑就会逐渐被削弱，退回到它开始时的样子——变成简单的日常小担忧。如你在上一章学到的，忧虑的习惯也是很容易改掉的。

我想我生来就是焦虑的。在我还是孩子的时候，父母就说我有一个"紧张的胃"，担心一切东西。我是一个在夏令营超级想家的孩子，最后父母不得不提早把我接走。到了大学，当我被点名的时候，我的脸还会红得像番茄。我要靠酒精才能提起勇气和聚会上的帅哥聊天，因为要是没有酒，我就会担心自己脖子上会因为紧张而长出荨麻疹。

这种恐慌在我 20 岁出头的时候开始出现，那时我刚进入法律系。恐慌症发作的感觉就像心脏病一样，发生的原因通常有两个：第一个原因，你要做一件令你害怕的事情（比如公开演讲，面对前任，坐飞机）；第二个原因，什么原因也没有它也会出现。

如果你从未经历过恐慌发作，让我这样描述给你听是最好的：当你的大脑和身体有了"危险临近"的感觉，你会完全不在状态。请允许我用一个非常简单的类比来解释。

正常的恐慌和恐慌症

恐慌在生活中会发生无数次，这是完全正常的。如果你开着一辆车，打算在高速公路上换车道。突然间，不知从哪儿冒出来的一辆车从你身边开过，阻挡你换道，你猛地转向，躲开了一劫，车子差点就撞到你了。当你在高速公路上体验到"危险临近"的时候，你的肾上腺素会飙升、心跳加速、呼吸加速、大脑中的皮质醇高涨。

这时你的身体进入高度警觉状态，这样你就好控制住汽车。在这种情况下，你可能还会出一身汗。

当你身体出现上述一系列反应的时候，它就会触发大脑，为你找到身体激烈反应的原因。在高速公路这个例子里，你的大脑知道你差点要撞车了，这就是你的身体吓坏了的原因。

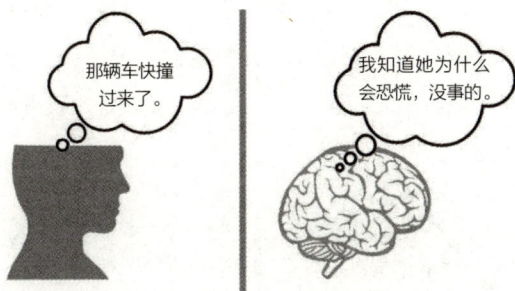

当大脑能找到身体被吓坏的解释时，它不会加剧焦虑，反而会让你的身体平静下来，因为它知道"危险"已经过去了。你会恢复正常生活，当你下次换车道时，你还会更加小心谨慎。

恐慌症发作的时候，你的大脑和身体会感受到同样的"危险临近"情形，但这一次，没有任何征兆和先前的危险经历。即使你身处厨房，正在倒咖啡的时候，恐慌症也会让你突然涌上一股肾上腺素，跟在高速公路上差点被撞的感觉一样。

你的心跳加速、呼吸急促，你还可能满身大汗，皮质醇也会高涨。这样，你的身体就进入了一种高度警觉的状态。现在，既然你的身体处于一种被唤起的状态，你的大脑就会去尝试理解为什么会这样。如果它没有找到合适的理由，大脑就会认为你一定遇到真正的危险了。你的思想状态就会倒退回原始环境的状态，使恐惧升级，认为危险迫在眉睫。

当你的心跳开始加速时，大脑就会立马寻找一个解释，这样它就能知道你的身体究竟怎么了，并决定如何保护你。"我可能心脏病发作了，可能我不想在下个月就结婚，又或者，我可能要被解雇了……也许我快要死了。"

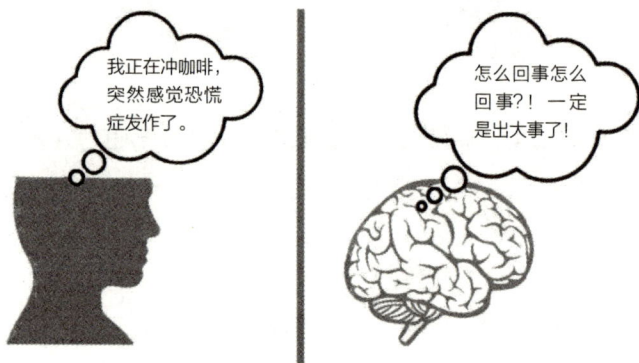

如果你的思想找不到合适的解释，大脑就会做出更严重的焦虑反应，让你的身体总想逃离现场，离开房间。如果你见过有人恐慌症发作，你就知道，他们会惊慌失措，四处乱窜，思维涣散，像"被车头灯亮瞎的小鹿"一样，毫无征兆地"想要离开房间"。这是身体反应和大脑的恶性循环，我在这个循环里被困了好几年。

很长一段时间以来，我都不知道正常恐慌和恐慌症之间的区别，也不知道我的大脑在焦虑加剧的症状中起到的负面作用。我求助于医生，尝试了各种各样的认知疗法，想缓解自己的恐慌。后来情况恶化，以至于我开始害怕恐慌症发作本身，当然，这种恐惧只会让我的恐慌症更加频繁。

最后，我用左洛复来治病。左洛复对我非常有效，控制了我快20 年的病情。如果你身陷心理健康的泥淖难以自救，最好的解决办法是获取专业的医疗帮助（也可能是药物）。虽然这不能代替治疗，但它们至少可以改变生活。

我曾以为我一辈子都要服用左洛复了。然后我们有了孩子，3 个孩子都开始为自己的事情受到焦虑困扰。这不仅仅是普通的担忧。焦虑正在影响着他们的生活——他们没有再参加通宵派对，跑到我们房间地板上睡觉，担心所有事情。YouTube 视频网红奥克利称她的恐慌状态为"奥利弗"，而我们的女儿索耶称她的焦虑是"如果循环"。她曾经对我说：

> 我脑子好像有个"如果循环"，一旦我开始思考"如果……"即所有可能发生的事情，我就会陷入所有"假设"的思绪当中，而我无法摆脱它，因为总是有"事情发生的各种可能"。

我知道受到焦虑的折磨是非常可怕的，看到我的孩子也在挣扎和恐惧当中，我真是心碎死了。我试图帮他们处理他们的焦虑，但一无所获，这让我深感诧异和绝望。我们去找专家，尝试各种各样的治疗方法，还设立有奖游戏引导他们"直面恐惧"，但情况未见好转，似乎还变本加厉。

我试图戒掉左洛复，看看在没有药物的帮助下是否可以面对焦虑。我想更好地了解焦虑，想办法打败它——这样我就可以帮助孩子们打败他们的焦虑。以下是我的感悟。

强制让自己平静下来是没用的

我花了无数时间接受咨询师的建议，他们告诉我和孩子，让想法"换个频道"，想想别的事情。如果你仅仅是担心，那么这一策略是有效的，但它不适用于严重的焦虑。还有一个原因：当你感到焦虑时，你身体正处于一种激动的状态。如果你想让一个非常焦虑的人冷静下来的话，你就是在要求一个人从时速 60 英里降到时速为 0。这就像在急速行驶的大货车前扔一块大石头，想通过这样让车停下来，这样翻车的可能性很大。

《行为研究与治疗》杂志上的一项研究表明，人们试图压抑自己不想要的想法，结果更会被这些想法所困扰。没错，当你试图让自己冷静下来的时候，你会让焦虑变得更严重，因为你在同焦虑对抗！

当你了解恐慌是如何起作用的，它是什么，以及你的大脑在焦虑恶化时所扮演的角色，你就有能力战胜它。

这里有两种方法非常有效：利用 5 秒法则来控制大脑，然后把焦虑重构为兴奋，这样你的大脑就不会让你的焦虑升级，你的身体就会平静下来。做法如下。

兴奋和焦虑感觉雷同

我在做公开演讲的时候第一次使用了这种"重构策略"。我收到很多关于公众演讲的疑问，特别是怎样克服演讲的恐惧和紧张。我的回答总是让人吃惊：**我从来没有摆脱恐惧和紧张；我只是在利用它们。**

我做了很多演讲，我以演讲为生。2016 年，我在一年内被提名为最卖座的女演讲者——一年内我做了 98 次主题演讲。真是神奇，我会紧张吗？绝对会的，每一次都会。但我有个窍门：我不叫它"紧张"，而称之为"兴奋"，因为生理上来说，焦虑和兴奋的感受是完全一样的。让我再说一遍：焦虑和兴奋对你的身体来说是完全一样的。它们之间唯一的区别就是"名字"而已。让我们再用"危险临近"的情形作为例子：如果大脑能很好地解释你身体突然的剧烈反应，那么它就不会对焦虑和恐惧添油加醋了。

　　我第一次做真正意义上的演讲是在旧金山的 TEDx 演讲。我记得自己站在后台听一个个教授在台上演讲，心里想："这是我为自己挖过最傻的坑。与这些聪明人相比，我演讲时肯定像一个十足的白痴。"

　　当时我的手心出汗，心跳得飞快，脸也是滚烫滚烫的，腋窝流的汗像尼亚加拉大瀑布一样多。我的身体正摩拳擦掌！它正准备做出一些行动。但当时我告诉自己那是紧张的表现，我把所有这些感觉都定义为不好的预兆，导致我的紧张状态更为严重。

　　你想知道我身上不合情理的地方吗？即使过了 6 年，经过数以百计的演讲后……我的身体状态和开始一模一样：手心冒汗、心跳加速、脸蛋滚烫、腋下挥汗如雨。在生理上，我正处在一种被唤起的状态，说明我要开始行动了，我的身体也准备好了。我的身体感觉和害怕完全一样，我只是把它转换到一个积极的方向。

　　我发表的演讲越多，我对自己说的话就越感到自在和自信，但待到我对自己的能力十分有信心时，我注意到我身上的感觉并没有消失，它们往往出现在我察觉到身体准备做大事的时候。所以，我告诉自己那叫兴奋，而不叫紧张。

请告诉自己，那是兴奋

　　我从来不知道我的小技巧背后有什么正儿八经的科学原理。原来它叫作"焦虑重估"，把你的焦虑重新定义为兴奋是一种有效的方法。它简单，却非常强大。哈佛商学院教授艾莉森·伍德·布鲁克斯进行了反复研究后为之找到了证据，焦虑重估不仅能降低焦虑，还能让你在数学考试中表现得更好，如此等等!

　　简单地说，焦虑是一种觉醒状态，所以与其强迫自己冷静，更容易的做法是让大脑相信那些紧张的感觉只是兴奋而已。这个技巧应用在实验里，不管是唱卡拉 OK 或在摄像机前演讲，再到数学考试，那些说"我很兴奋"的实验参与者在每项挑战里都比那些说"我很焦虑"的人表现更好。把紧张转化为建设性的热情，苏济就是这样做的。她倒数 5，4，3，2，1，把那种"紧张的感觉"封存在心里，不让它阻止自己。

🙂 **苏济**

我和丈夫正考虑着向舒适区迈出一大步。他快退休了，我们打算搬去东海岸城市。每当"不安的感觉"在我胃里翻腾（你懂的，那种对变化的恐惧），我就想起 5 秒法则，转而列出一个待办清单，一条条进行检查。现在，我们正一点点地靠近我们的梦想。谢谢你的启发。

　　现在，你要告诉自己"我很兴奋"，这并不能平复你身体的各种感觉，它只会给头脑传达一个合理解释，让你更有力量。 这样，紧张的情绪就不会升级。当你控制着自己的感觉，在你开始动身的时候，你身体上的骚动就会平静下来。

　　下次当你在煮咖啡、怯场、做赛前准备，或担心考试或面试的

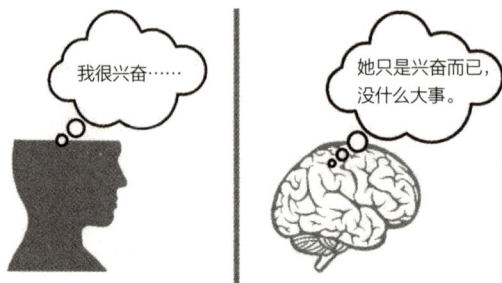

时候，就用 5 秒法则和这个新的心理学成果对抗焦虑。

　　一旦你感到焦虑正占据你的身体，就要着手控制你的思想，倒数 5，4，3，2，1，告诉你自己"我很兴奋"，推动你自己向前行动。

　　在对抗焦虑的时候，J. 格雷格就是这样审视自己做的事。

> **J. 格雷格 · 莫里森**
>
> 在我不想做的时候，我重估自己犹豫的情绪，在 5 秒以内把犹豫转变为进入工作状态的好机会。从前，我经常"感觉不想做"，我深受焦虑症的烦恼。我觉得你帮我找到办法走出困境。终于啊终于！！！因此，谢谢你帮我重构这些情绪，让我的大脑认为这些感觉"很普通"而不是"令人焦虑"。

　　这种物理影响（推动）是关键的，效用发挥从倒数开始。让自己努力，让促进行动的前额皮质来控制局面，使自己专注于积极的解释。当你开始使用这个策略的时候，你可能要在一小时内重复 27 次 5 秒法则。我们 11 岁的孩子在要去别人家过夜的时候第一次使用 5 秒法则对抗自己的焦虑，他在 6 英里的车程中一次又一次对自己说："我要去别人家过夜啦，我很兴奋……"保佑他的小心脏。

当我把车停在奎恩的车道上时，我问他："你还好吗？"他回答说："我的心跳还是很快，我的胃感觉也很奇异，但我这是兴奋，今晚能在别人家过夜咯！"6 个月前，他就是这样说的，现在他对在外过夜的焦虑消失了。现在他是真的很兴奋。这就表明了这个工具的力量：它确实有效。

你比自己想象的更勇敢、更强大、更睿智。
——《小熊维尼》作者
艾伦·亚历山大·米恩

第 14 章
战胜恐惧

"勇气，我亲爱的勇气啊。"

《荣耀的负担》作者 路易斯

恐惧会让你做疯狂的事情。我一辈子最害怕的事情之一，就是在激烈的飞机失事中死于非命。当我不得不坐飞机的时候，我曾经的表现就是个怪人。我对坐飞机有很多迷信。首先，我要扫描登机区，寻找有小婴儿的妇女、穿制服的男人或女人、牧师、修女、坐着轮椅的人、交接班结束下班的飞行员，或看起来比较和善的人。然后我会告诉自己，上帝不会让飞机和这些坐飞机的好人遭遇不幸的。这样的设想让我在上飞机前能感到宽慰。接下来的每一次颠簸或是飞机在跑道上滑行的噪声，都会使我的心跳加速，心头一紧。

起飞是最可怕的。当飞机轮离开停机坪时，我常常处于极度的恐慌状态。我闭上眼睛，想象出一系列场景：爆炸、恐怖袭击、我的座位飞出了飞机，或者飞机从天上坠落。我双手捏紧扶手，几乎不能呼吸。如果机长能在广播里跟我们讲些话，我的恐惧指数就会减半。我没有放松，直到安全带的灯关掉了我才敢放松，因为这是空乘所认为的可以随意在机舱里走动的安全时刻。

后来我克服了对坐飞机的恐惧。我使用了 5 秒法则和一种特殊的焦虑重估工具："锚定想法"。你也可以用同样的方式对抗任何让你恐惧的事。扎哈拉也是用这种方法对待她的飞行恐惧的，而且"非常有效"！

> ☺ **扎哈拉**　P.S. 你在圣地亚哥分享的飞行恐惧让我深感赞同！先前我以为只有我一个人害怕飞机失事时自己的座位会被气流刮走☺，因为这个原因，我都不敢看《飞机失事调查报告》和《灾难之前》这类灾难纪录片。我朋友在 2011 年给我的建议还有你的 5 秒法则都非常有效！
> 取消赞 · 回复 · 信息
>
> > ☺ **里兹万**　你现在敢坐飞机了？
> > 赞 · 回复 · 信息
> > ☺ **扎哈拉**　已经坐上飞机了。这次我用 5 秒法则来克服恐惧，奏效了！
> > 赞 · 回复 · 信息

下面介绍一下我是如何运用这些技巧的。我告诉扎哈拉的也同样是这些技巧。

创建一个锚定想法

首先，在任何旅行之前，我都会先想好自己的"锚定想法"。这是一个关于此次旅行的想法，如果恐惧袭来，我就会找回这个想法。我先去想这次旅行：我要飞去哪里，到那以后最让我兴奋的是什么事情。

如果我要去爱达荷州的德里格斯看朋友，我的锚定想法就是爬上当地的"桌面山"。如果我要回密歇根州老家，我可能会想，当我们把车开到父母家的车道上时，孩子们就会从汽车里蹿出来去拥抱我的家人，又或者和妈妈一起沿着密歇根湖散步。如果我要去芝加哥开会，我会考虑和客户一起吃顿美味的晚餐。一旦我心中有了一个特定的形象，剩下的事情就很容易了。

使用 5 秒法则是心理学里所谓的"如果，那么"计划的形式之一。这是一种通过提前制订后备计划来掌握控制权的方法。A 计划就是不要紧张。

但是如果我上飞机以后真的开始感到紧张，那么我就启动 B 计划：我会用 5 秒法则和锚定想法来抵抗飞行恐惧。研究表明，这种"如果，那么"计划可以将成功率提高近 3 倍。

在飞机上时

当我注意到有东西让我紧张的时候，不管是警报声、颠簸、飞机上升时间太久、天气看起来不祥，还是与邻座乘客气氛不佳，等等，恐惧都很容易被触发，因为我的思维模式是根深蒂固的。当这种情况发生时，我开始倒数 5，4，3，2，1，以冲走脑海里的恐惧思绪，激活我的前额皮质，并让自己存在于此时此刻。

然后，我强迫自己把具象化的想象力锚定在目的地上，以及到达目的地我要做的令人兴奋的事情上。比如和妈妈一起在沙滩上散步，在芝加哥与客户共进晚餐，或者和伙伴们一起爬上"桌面山"。

这些具象化的锚定想法有着强大的提醒功能，它告诉我一个简单的事实……如果我能坐在芝加哥餐厅与客户吃晚饭，或明天早上和妈妈在密歇根的海滩散步，或及时赶到家和女儿们玩曲棍球游戏，那么一个显而易见的事实就是飞机没有失事，我也没有什么可担心的。最重要的是，因为大脑会寻找我身体剧烈反应的缘由，而我为

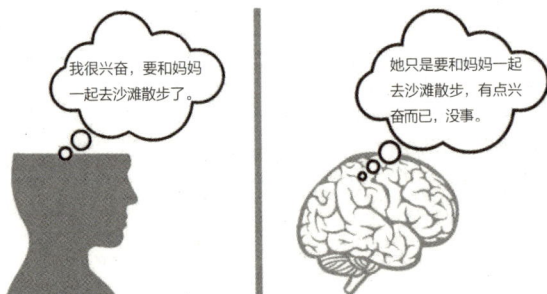

大脑提供解释的语境，这样它就不会再让恐惧升级了。当我去想锚定的想法时，我的身体就能平静下来。

通过一次次使用这项技巧，我消除了飞行恐惧。通过运用，我的意思是反复运用，它会变得越来越容易，直到突然间你发现，你不再害怕这件事了。到那时候，你已经训练大脑默认往积极的方向去想了：对你要做的事感到兴奋而不是恐惧。达娜成功地运用了这一技巧，她从来没有"在飞机上能如此平静"。

> **达娜**
>
> 我非常喜欢你在凯安尼会议里的演讲！你的倒数方法在我昨天坐飞机的时候起作用了！我从来没觉得在飞机上能如此平静！！谢谢你！！你的话让我深受启发和鼓舞！！！

弗兰在达拉斯市一场座谈会里学完这个技巧以后，立刻把它运用到自己回家的航班行程上。结果让世界都不一样了。

> **弗兰**
>
> 嘿！谢谢你！我有个故事要告诉你。
>
> 我一直很怕坐飞机，总是想逃避。因为要参加在达拉斯举办的凌锐国际大会，我们住在马里兰州（MD），我们只好乘飞机去。在整场飞行里，我一直在恐慌症的边缘挣扎！我的不安让周围乘客也卷入了紧张的气氛里。哈哈。我现在告诉你，你的演讲立刻被我实践了。我的天！回城的时候，我与去程有了天壤之别。在飞机上，每当我感到焦虑的时候就用 5 秒法则分散注意力，我还往窗外张望，还拍了照片！看到飞机上的美景，我简直不敢去想自己因为害怕坐飞机而错过了多少美景！
>
> 这对我来说就是足够好的证据了，5 秒法则在生活其他领域也有作用。

　　我喜欢弗兰在结尾时说的话："我简直不敢去想自己因为害怕坐飞机而错过了多少美景！"她说得没错，这真是一件令人惋惜的事。我也意识到同样的事情——自己每天都因为恐惧而剥夺自己的快乐、机会和生活中奇妙的魔力。你不一定非得活在恐惧当中。在5秒内，你就可以夺回控制权，你可以战胜恐惧。

　　如今上飞机的时候，我就不再紧张或害怕了。偶尔遇到颠簸，我就会使出5秒法则，这样我就不会因为害怕而抓住旁边乘客的手了。

　　但我现在仍会用这个工具来应对其他让我害怕的东西。比如，当我要做谈判或比较困难的沟通时，我就会创建一个锚定想法，想象谈判进行得很顺利。具体说来，我可能会想象对方给我一个拥抱或感谢我接受这次"谈话"，或者在我最喜欢的酒吧里与商业伙伴举杯庆祝交易成功。

　　这种想法让我能脚踏实地，专注于当下，让自己更有力量。如果你试图在压制自己的恐惧时参加会议，你是不可能有良好发挥的。因为你的一部分大脑同时正忙着处理这种恐惧；如果有一个锚定想法，当你注意到正被恐惧控制的时候，它能驱散恐惧。

　　记住，即使你的恐惧和思维习惯在5秒窗口期内把你成功劫持了，你还是可以迅速利用5秒法则收回控制权的，并"继续使用下去"。

> **克劳迪娅**
>
> 谢谢你，在我们面对恐惧的时候，你帮了我们大忙！！！ 现在我已经在使用 5，4，3，2，1 倒数方法了，而且我会继续使用下去的！永远感谢你！！！

专注当下

只要搞定了你的想法，
没有什么事是做不成的。

PART
第 5 部分

5

勇气改变一切

如何成为彻底的自我实现
之人

我们快要到这本书的结尾了。现在你已经知道了 5
秒法则的故事，了解了每日勇气的概念，还掌握了
5 秒法则在各个方面的战术运用，让你改变你的行
为和想法。现在，你已经准备好进入到更深层次、
更直击灵魂的话题，比如你与自己的关系。

首先，你将探索自信的奥义，以及如何利用每日
勇气来建立自信。你将会了解自信和人格之间意
想不到的联系。你会看到那些成功建立自信的人，
你会读到非常真实的社交媒体文章，告诉你：如
何与生活中最重要的人——你自己——重新建立
联系。

其次，你会学习利用每日勇气找到自己的激情所在。
你会看到使用 5 秒法则的男男女女，他们利用 5 秒
法则战胜恐惧，找到勇气去追求他们心中的热爱。
他们的例子会激励你去做同样的追求。

最后，你会知道什么能创造人际关系中深刻而富有意义的联结，以及为什么勇气是如此重要的组成部分。这一部分的许多精彩故事会鼓励你充分利用时间与你所爱的人相处，并告诉你一件简单的事情，让你在任何场合与时间下，都能加深你们之间的关系。

请准备好纸巾。

这是本书中我最喜欢的部分。如果你能丰富你的自信心、激情和与人的联结，你就能得到从前可望不可求的生活。

要自信

世上总会有那么几个人不懂赏识你的价值。
不要用他们的评价来定义自己。

第 15 章
建立真正的自信

人们总会抱着一个错误观念，就是认为自信是一种性格。自信的定义仅仅是相信自己、相信自己的想法和能力，因此任何人都可以通过学习变得更加自信。这不是人格特征，而是技巧。

你可能是个外向者，经常滔滔不绝，但这并不意味着你很自信。房间里说话最大声的人可能是个缺乏安全感的人，而且只说对他形象有利的话。你看我就知道了，在很长一段时间里，我说起话来都很大声专横，但其实我对自己，还有自己的想法和能力都缺乏安全感。

你认识的最安静的人可能是最具自信的。你最好的内向朋友，也可能对自己的想法极具自信（如果你不去询问她的想法，她还可能会生气），不过她可能不好意思表达自己的想法，因为她会脸红。她对自己的观点不乏信心，只是需要一点勇气来面对人们对她脸红的评判。

我有一段经历很能说明自信、勇气和人格之间的关联。它还会再次让你看到，5，4，3，2，1，走出舒适区时，你内心的骄傲感。

近期，我有幸在思科系统公司里发表演讲。思科是全球最大的网络技术服务公司。几个月后，我受邀回来做一个类似的演讲，但这次是给一个高级工程小组。

当我第二次来的时候，有一个人在我和摄像团队做准备的时候走过来。看到我，他非常兴奋，给了我一个老友式的温暖拥抱。我来自中西部，最喜欢的就是一个热情拥抱了。他难掩兴奋之情，要对我说"一件关于 5 秒法则的激动人心的事"。

几个月前，他在思科系统公司看到我的演讲。在演讲中，我经常会给听众布置一份 5 秒法则的作业。

今天就用 5 秒法则，向 3 个陌生人介绍自己。

然后，我向他们解释如何完成这项作业。

　　留意你的直觉和你受到某人"吸引"的那一刻。这一刻就是"推动自己的时刻"，你要抓住这个机会。开始倒数 5，4，3，2，1，在 5 秒钟内，在大脑打退堂鼓之前，往这个人走去。

　　接下来，我跟观众解释尝试这个简单作业时，他们能达到什么效果。当他们看到一个他们想见的人的时候，大脑就会用一百万个借口来说服自己不要走过去做自我介绍。

　　噢……别急！他们在和别人说话，打断他们很粗鲁；她看起来好忙，我等会儿再和她打招呼吧；他在看手机，所以我不好意思打断他；休息时间所剩不多了，下次休息时间我再找他打招呼吧。

　　但你脑海里反复思考的这些事都不是真的，相反，大脑一直试图把你从做成事的道路进程上拖下来。

　　我新结识的这位工程师朋友在完成作业以后描述了发生在他身上的变化。就在思科现场演讲结束以后，他在走廊里遇见了"推动自己的时刻"，他遇见了思科首席执行官约翰·钱伯斯，他正与一群高管在一起。说到这里，你必须先了解一下背景情况，约翰·钱伯斯是思科的传奇人物，而且从各方面来说都是个非常棒的人。钱伯斯曾担任了 20 年的首席执行官，而就在第二天，他将宣布辞去首席执行官一职，查克·罗宾斯将接替他的职位。

所以，这位工程师站在走廊里，刚学完5秒法则的他看到钱伯斯后，直觉便被激发起来了。他立刻有冲动上前做自我介绍，并感谢钱伯斯启发了他，让他知道了自己作为思科工程师的自豪感。他告诉我，他知道他应该这样做，他想推动自己去做，但当时他僵住了。

他解释说，他感到全身不得动弹，并补充说自己是个"内向的人"，"自我介绍这类事情"对他来说并不自然。于是那一刻过去了。他敬仰的英雄消失在大厅里，留他在随后的时间里自责，怪罪自己没有"把握机会认识他"。但幸运的是，这个故事并没有结束。

第二天早上，我的这位朋友在圣地亚哥市中心海滨公园的圣地亚哥湾慢跑。沿着码头的自行车道风光明媚，和往常一样，这里挤满了跑步者、骑行者和路人。他戴着耳机，听着音乐，全身心地投入跑步。突然，你猜谁在他前面？没错，就是约翰·钱伯斯。

钱伯斯独自一人，戴着耳机，他也在慢跑。朋友告诉我，他知道时机就是现在了，现在再不行动，就永远没机会了。他说："我立刻担心自己会打扰到他的时间，这样做有点无礼，我发现自己在犹豫，于是开始倒数计时，5，4，3……"

他立刻加速往前跑，追上钱伯斯，拍拍他的肩膀，抱歉打断了对方，然后向对方解释他是如何一直以来想亲自感谢钱伯斯在思科所做出的成绩。这两个人没再慢跑，而是穿过码头散起了步。

据我这位朋友说，钱伯斯很风趣，让人愉悦。他们讨论了各种各样的话题：工作，生活，甚至是朋友正在做的项目的想法。谈话结束时，钱伯斯握了握他的手，感谢他做的自我介绍，并给这位工程师介绍了一个创新组织的高级人员。钱伯斯说："跟他说是我介绍你去的，说我们聊过，并且希望你能和他分享你的想法。"

我的新朋友在给我讲这个故事的时候，他的眼睛明亮得足以照亮整个房间。"这是我职业生涯的亮点，梅尔。如果不是 5 秒法则，这些事就不会发生。我对你感激不尽。"

然后他又说："哦，天哪，我差点忘了。现在我正在面试一份新工作，也是钱伯斯介绍给我的！"

如今他得到那份工作了吗？

我真的不知道。但新工作的结果不是故事的重点。这是一个通过每日勇气做出行动，以及建立自信的故事。这种特殊的经历改变的可能不仅仅是一份工作。如果他继续使用这条法则来倾听和追随自己的直觉，那么他的人生轨迹将会有很大的改变。

他想要的并不一定是与首席执行官会面，虽然这看起来很酷，但更多的是当你尊重自己想要的东西，掌控自己的生活时，那感觉是多么美好。

请记住，自信是通过每日勇气建立起来的。这就是这位工程师所经历的：知道可以依靠自己的希望。越是练习实践每日勇气，这位工程师朋友就越自信。

你要记住，自信是由每天做的小事所创造的，这些小事都能帮你对自己建立起信任。

我收到了一个叫比尔的人的来信，他的故事能为我解释如何信任自己。比尔给我描述了他的思想斗争，我们许多人也面临着这种勇气，十分鼓舞人心。

"成为自己，这对我来说有点困难。"

比尔的生活在外人看来很了不起。他已结婚，有 4 个孩子，事业有大成，同时是一个专业机构的主席。非常成功的生活，是不是？听起来似乎很有道理，但中间缺了点东西。这个东西与他自身的关系有重大意义。

比尔非常勇敢，他承认自己"并没有在用坚定的态度过活"。像很多人一样，他养成许多坏习惯："优柔寡断、过度思考，从不去践行自己该说的或做的事"。比尔觉得自己好像"失去了与人建立真正联系的能力"。

　　在失去联系的人里，他忘了一个最重要的人——他自己。当你和真正的自己失去联系的时候，你会觉得自己漂浮不定，你会失去信心，生活也失去了"表里如一的滋味"。

比尔

　　我要谢谢你，也要赞扬一下你的勇气，你有勇气说出你所看到的。我今年53岁，是4个孩子的爸爸，3个女儿已经长大，再婚妻子又生了个可爱的男孩，今年5岁；我现在是公司的高级项目经理，同时是公司建筑部门的经理，还将志愿兼任本土采购经理人专业机构主席。听起来我的生活挺风光的，是不是？但其实我一直没有能力做自己。不知道为什么，我觉得自己失去了与人建立真正联系的能力，在床上我也越来越没兴致了。我一直在思考真正想要的是什么。不敢追求的心态也让我变得优柔寡断、过度思考，从不敢践行自己该说的或该做的事。这虽然不是什么大事，但我深知自己并没有在用坚定的态度过活。我的生活少了点表里如一的滋味。正因为如此，在上个星期六的 PMI NA LIM 会议上，5秒法则才让我如梦初醒。

　　失去的自己，你可以用5秒法则找回来。比尔用它来找回和自己的联结。这是个长远的道路，但可以一点点深入挖掘内心，推动自己去做这些小事，让这些小事"润物细无声"地教会你信任自己。

比尔

　　从那以后，我逐步走向改变自己的道路。我早早起床出门遛狗、与人建立真诚而成熟的关系、去争取一切可得的机会。在工作中我有意识地挑战自己，心无旁骛，学会说"不"。第二天早上我又鞭策自己爬起床，带狗出去溜圈。这些虽然都是小事，但我都能从中受到励志和鼓舞，无形之中，我也学会了相信自己。我能行动起来，这已经是个非常好的转变了。

　　你所向往的生活由每件小事构成——只要你认为自己可以做到，

"挑战自己""学会说不""从床上爬起来遛狗"这些都能成为"获得自信"的一级级阶梯，而它们更是让你充满斗志的坚定步伐。

　　特蕾西 48 岁，是一个感到停滞不前的全职母亲，当她发现了 5 秒法则的时候，感觉就像"一盏灯'呪'的一下为她打开了"。她说："我用 5 秒法则去做一件件小事，但这些小事是由长远计划分解下来的，虽然做着看似细碎的杂事，这些小事给我的提升感让我觉得这件事并不小。"——比如在礼拜堂发言，或者把自己的照片放上网。

　　我们从特蕾西的故事里感受到这个道理：小事并不小，它们才是最重要的事，因为积跬步以至千里。用 5，4，3，2，1 的方法推动自己去做成"小事"，这能为你提升不少信心去做"大事"。

　　　　要完成一件大计划，所要做的事情都很小，但是它们给我的提升感是巨大的。

　　　　以下是我用 5 秒法则做的一些事，要是没有 5 秒法则，我根本做不到。

　　　　我在音乐会里站起来跳舞；我和我十分欣赏的一位作者拍了一张合照，还把它放到网上（我自己很不喜欢拍照）；我在教堂会众面前发言；我向丈夫表达自己不满的地方；我主动向想认识的人做自我介绍；我完成了许多家务事；我比较少拖延了。

作为这些事情本身，它们并不是惊天大事，但我能做到，是因为梅尔 5 秒法则背后的推动力量。

我现在正试着用这个工具来做更大的事情，比如为了鼓起勇气参加毕业 30 年的高中同学聚会，我考虑减掉 25 年来增长的体重。

我甚至用 5 秒法则来鼓励自己写下自己的故事发给梅尔。我也试着与别人分享 5 秒法则，并听到、看到许多人将之付诸实践。我会继续使用这种简单却效果惊人的人生秘诀。

我经历了很长时间的停滞感，但这次是我第一次感到自己动了起来，跳出千篇一律的生活……我也很想知道自己日后会有怎样的变化。

谢谢你，特蕾西

当你做的事能够证明自己的时候，你的自信心就会逐渐建立起来。这些事通常是你不习惯做的事，比如按时起床，在教堂前演讲，或者在慢跑道上追上思科集团的 CEO 并和他打招呼。这些都是需要每日勇气的小事，这些小事都能增强你的自信心。

还有一位名叫克丽丝特尔的女士和那位工程师一样，参加了2015 年的思科活动，她给我写信说了 5 秒法则的故事。她"意识到

自己在过去 8 年的每一步都在怀疑自己"。她说:"当我觉得某个人
值得去认识的时候,在 1 秒钟时间里,我的大脑就会给我扔出 100
万个理由,告诉我不应该和他们搭讪。"

　　她开始实施 5,4,3,2,1 的方式,"马上"在课程休息第一时

> **＜**　　　　　　**克丽丝特尔**　　　　　　**ⓘ**
>
> 我在 2015 年思科大会里听到你说的 5 秒法则。实
> 在太棒了! 我以前没有意识到自己在过去 8 年的
> 每一步都在怀疑自己。当我觉得某个人值得去认识
> 的时候,在 1 秒钟时间里,我的大脑就会给我扔出
> 100 万个理由,告诉我不应该和他们搭讪。听过你
> 的 5 秒法则以后,我立刻就运用起来了! 从此我去
> 认识了不少以前从不会去认识的人。
>
> 从前我去上课的时候,都会在一堆人里寻找熟识的人打
> 招呼,坐在他们旁边。现在我知道了,要坐在不熟的人
> 旁边结识新朋友。我做到了。当老师问大家还有没有问
> 题时,我有问题,但是不敢去问,特别是要站起来问的
> 时候。然后你就要知道,要是你不去想它,你就可以径
> 直站起来去做,所以我就做到了。我站了起来问了我的
> 问题。
>
> 其他两个女孩子看到我的勇敢,她们也在全是男工
> 程师的课堂里站起来提出问题了。
>
> 那感觉真是太棒了! 后来,又有人邀我去看篮球比赛。
> 听到这个消息,我第一感觉是,这是个挺好玩的机会,
> 但随后我就想,自己还是待在酒店休息为好。最后,我
> 很高兴跟随了自己的第一感觉。我见到了思科副总,还
> 成功向他要到了名片!
>
> 听你在思科大会里讲的东西改变了我不少! 我找到了
> 薪酬称心的新工作,跳槽后职位升了 3 级,在考虑了
> 很多年后,我终于买了房子。最后,我还是想对你说
> 声感谢。谢谢你让我认识到 5 秒法则,它真的让我有
> 了大变化!
>
> ☺

间坐到她不认识的人的旁边。第二天，当老师问大家还有没有问题时，她又使用了这个法则。她后来告诉我："我有问题，但是不敢去问……然后你就要知道，要是你不去想它，你就可以径直站起来去做，所以我就做到了。"

所以她用 5 秒法则鼓励自己站了起来，问出了她的问题。

她还激励了另外两名女性在一个满是男性工程师的房间里站了起来。接下来，她倒数 5，4，3，2，1，在感觉不想去做的时候看了一场篮球赛，甚至还鼓起勇气向副总裁索要名片。因为在这些每日勇气的行为里，她的自信心都能不断增强，慢慢改变她的生活：找到新工作，晋升新头衔，买了新房子。

伸夫在被剥夺"执行董事"的角色后开始使用 5 秒法则。当时他没有了动力，感到自己很无能。

> ☺ **伸夫**
>
> 两年前，我看了梅尔·罗宾斯的 TEDx 演讲。听了她的讲话，我突然想到这可能对我有用。我在公司被除去执行董事头衔以后，我的生活全都变了。精神上和经济上都受到极大压力。我失去了东山再起的动力，感觉自己非常无能。但 5 秒法则帮了我很多，我决定将之应用在日常生活里。在使用 5 秒法则以后，我的身心都慢慢恢复了能量。我常在博客里引用梅尔说的话，并把它翻译成日文给大家看。
>
> 梅尔，我在旭日之国祝愿你九转功成。

通过将 5 秒法则"一点一点"运用在每日勇气上，伸夫先生像上文的克丽丝特尔女工程师一样，身心都找到了能量。他之所以恢复能量，是因为他找回了信心，他能够证明自己完全有力量去改变生活。

关于人格和自信，我还想谈一点。你记不记得那位男工程师是怎么形容自己在大厅见到钱伯斯后不敢动弹的？他给自己一个这样的解释：他是一个"内向的人"，"自我介绍这类事情"对他来说很不自然。

如果我告诉你，你的生活和人格不是固定的，也不是"天生的"呢？没有练习，也就没有什么是自然而然就能获得的。所以我一直告诉你要"练习"每日勇气。

你有能力通过行动来对全方位的生活做出提升、丰富化和改变。剑桥大学心理学家布莱恩·利特尔教授刚刚做了一个很棒的 TED 演讲：《你到底是谁？人格之谜》。在里面，他谈到了外向者和内向者之间的区别，还有决定了我们是谁的各种因素。利特尔教授说，决定一个人的"是行动，是个人目标项目"。他解释道，有些性格特质是无意识的，不易改变的，但还有很多都是我们可以调整的"流动的特质"，以便在我们的生活中不断努力，拓展出一个属于自己的核心人生目标。

利特尔教授的观点可以解释那位思科工程师的行为。他是一个内向者，但他的核心个人目标是教授他人。他喜欢教书。所以即使作为一个内向的人，他在与学生们交流的时候，在课堂上突破了自身性格。他是怎么做到的？只要想清楚自己该做出什么行为，他就能够推动自己突破自己的个性特征。

这位工程师的个人目标项目是向约翰·钱伯斯表示感谢。所以他能够突破自身性格。他是怎么推动自己去做的？5 秒法则。这两个事例都体现了一件事——想做有意义的事情（与学生或 CEO 产生联结）和深思熟虑的行动（突破自身性格的推动力）。

对一个内向的人来说，主动和 CEO 打招呼、在教堂前讲话，或者是教一班学生，相比外向者，会不会觉得更加困难？也许是，也许不是。这取决于个人的自信程度。要知道，自信与人格毫无关系。

利特尔教授常说："你和其他人一样，但却与任何一个人都不同。"我知道初次做任何事情的时候，你都会觉得很困难，还可能会有点害怕。你需要一点勇气。我们都有能力为一个重要目标而突破自身性格。而我所想到的最重要的目标就是让自己活得更有活力、更快乐、更充实。

你该怎样突破自身性格去做那件事呢？你肯定不会猜错：坚持自己的直觉，用 5 秒法则练习每日勇气。这些行为看起来并不惊天动地，但随着时间的推移，它们就能粉碎自我怀疑，让你获得真正的自信。

我们每个人内在都有伟大的品质。5秒法则让我们看到自己身上的"不可思议之处"，如安布尔发现了自己的优点。

> **安布尔**
>
> @梅尔·罗宾斯的生活 你真伟大，有了你，我知道我也是伟大的。你启发了我！！！我真的真的真的真的很喜欢听你演讲！

这回到了我们最开始说的：越去践行勇敢行为，你就越相信自己能掌控生活。作为结果，你会变得更加自信。即便你要做的事能把你给吓死，5秒法则也能帮你找到勇气采取行动。米歇尔找到勇气辞掉"有毒的、使人无尽焦虑的工作"，尽管她"害怕未知的未来"，但每日勇气帮助她"相信自己，相信自己的能力"。

> **米歇尔**
>
> 这个星期我辞掉了那份有毒的、使人无尽焦虑的工作。看了《别再说你没事》，尽管我非常害怕未知的未来，我还是对自己和自己的能力非常有信心。非常感谢你，让我推动自己找寻更好的生活。我还没发觉，你已经改变了我！你太棒了！

米歇尔发现，做那些让你害怕的事情会让你变得更自信。如果你有勇气采取行动，自信就会随之而来。在你每次紧张的时候推动自己说出来，在害怕的时候逼自己行动，或者在自己不想动的时候去健身房锻炼，你都能深切感受到，你可以依靠自己来完成任何事情，而自信就会从你对自己能力的信任中流露出来。

杰伊在一家多伦多的表演艺术高中读书，但他总会对自己要做的事情感到十分紧张。靠着 5 秒法则，他去试演了许多角色，在节目中承担了更多戏份，他也从而获得了自信。

> ☺ **杰伊**
>
> 你好梅尔，
> 不知道你记不记得我们上次的聊天？那快有好一会儿了。上次我对你说，你用 5 秒法则深刻地启发了我。在使用 5 秒法则的几个月里，我的生活真的开始起了变化。我在多伦多的一家表演艺术高中上学。能在这里上学我非常高兴，每天，我都能和一群充满激情的老师和导演待在一起。我喜欢表演，但我在争取更多机会的时候总会感到紧张。自从践行了 5 秒法则以后，我发现自己不仅获得了更多表演机会，我的自信心也得到了大大增长。我感觉自己也有欲望去影响他人。我想给你看一件东西……

你的法则使用得越多，你的信心就会越快增长。斯泰茜几乎每天都用 5 秒法则来与勇气为伴，用之与人当面对谈，为自己的生意参加家庭节目，不再因为害怕而把自己藏起来。用 5 秒法则践行着每日勇气，让她以自己想不到的方式成长。她培养起自己一直想要的自信，感觉棒极了。

斯泰茜

你的5秒法则帮我以意想不到的方式成长……从前，我从来不敢相信自己能
有自信，而现在，我已经有了这份自信。我也在团队中影响大家建立起自信。
我对任何事都不会再拖延了……这件事本身对我来说都是一件了不起的成就。

在这本书中，你读过许多故事，他们做的都是些非常简单或看
似很小的事情——而他们对生活的看法却发生了变化。人们很容易
忽略这些故事，因为他们不相信仅仅起个早床就能产生自信的连锁
反应。然而，自信就是这么建成的。不要把注意力放在大事上。用
5，4，3，2，1来做最小的事情，做成以后，你会发现这些事情其
实并不小。

就像上面的比尔所说，勇敢起床、做艰难的决定、学习说不、
珍惜利用得到的每次机会、专注于优先事项，这些事能引发涟漪效
应，改变你生活的方方面面。这些都是小步骤，但你能得到你所追
求的结果：自信、自我掌控感，还有一种感觉良好的自豪感。

自豪感

哪怕声音颤抖，
也要大声说出自己的心！

第16章
追随激情所在

"有一种声音不能用文字来表达，请认真听。"

鲁米

这些年来，我收到了很多关于如何找寻激情和目标的问题，但从来没有人请我帮他们"思考他们的激情"。因为找寻你的激情所在是一个积极主动的过程，你会发现，当机会闪现的时候，5秒法则是一个不可思议的好工具。人们寻找激情的唯一阻力就是无法摆脱自我怀疑的想法从而开始行动。当你用5秒法则，5，4，3，2，1，开始探索，在机会来临时投入全力，你达到的结果肯定会让你大跌眼镜。

开始探索

如何探索？请利用起最好的向导：好奇心。好奇心就是直觉引导你把目光放在自己真正在意的事情上。如果你对某事念念不忘，那就让它变成你的新习惯吧。你也要密切注意嫉妒心理。如果你发现自己在嫉妒别人，请一定要去探索那种感觉：你嫉妒他们生活的哪一方面？这可能会让你了解自己真正想要的是什么。

接下来，让你自己采取简单的步骤去探索这个主题：阅读相关资料、观看视频教程、与人交换经验、参加课程、撰写计划。如此以往，你会惊讶于时间和努力给你带来的惊喜。

拿摄影来说，在 4 年前，当另一位克里斯第一次接触 5 秒法则的时候，他是一家银行的首席信息官，同时一直很喜欢摄影。他利用 5 秒法则强迫自己去探索这一激情。后来，他的作品上了两次杂志封面，获得不少奖项，现在他成了一名专业摄影师。

☺ **克里斯**

@梅尔·罗宾斯

星期五早些时候，我在塞沃尼帮颤月乐队拍摄的时候，我收到了一位出色的女士的邮件，她叫梅尔·罗宾斯。梅尔的 5 秒法则原理只需要做一点事，就帮我促成了 4 个封面项目、几个奖项，我还被选举为最佳摄影师。她的原理非常简单：如果你有个想法，就请在 5 秒之内去做。很简单是吧？对大多数人来说都比较容易。因此在 4 年前，我看了她的 TED 演讲以后，我就相信我能做到！现在，我要告诉大家，5 秒法则真是妙不可言。下次当有什么想法蹦出来时，请记得立马把它写下来，或径直去做就好了！这真的不难。

如果你感兴趣的领域是餐饮美食，即便是门外汉也没关系。在当今世界，你有足够的资源帮助你进行探索。以埃里克的经历为例，他住在柬埔寨，有了一个创办出口企业的想法。目前他通过 YouTube 视频和各种书籍来学习相关知识。

🙂 **埃里克**

我在柬埔寨住了快 2 年了。离婚以后，我来到这里教英语，顺便学习与自己的内心建立联结。

最近我十分想家，但要是我回到家乡，乔治亚州亚特兰大，我肯定会后悔的。

我想创业。鉴于柬埔寨许多美食在美国没的卖，我就想进口柬埔寨珍稀食品至美国市场，与美国人介绍这个可爱的国家和它的山珍海味。同时，我还有一个好朋友在亚特兰大做美食批发商，卖不少精美无比的商品。

我有货源，也有分销渠道，只是还不知道怎么创建自己的生意。自从我看了你的 TED 演讲，我已经在做采购了，读了一半关于进出口生意经的书，还在看 YouTube 视频。

我第一次感觉到自己的激情能化作实实在在的自建生意。 🙂

这就是"发现"自己激情的方式，你倒数 5，4，3，2，1，不停探索，直到你遇见真正的激情所在。

创造动力

激情总是以直觉开始。首先，你要去上入门课，读了课程，你就能拿到资质证书。

　　资质证书给你关系圈，关系圈带来机会，小机会滚成大机会。如果你想和同事分享一些你正在学习的东西，你可以用这条法则推动自己去做。这就是动力发挥作用的时候。

　　开头的时候，你会诅咒我，但你会感谢自己的勇气，去相信自

乔安妮

我刚和团队的 8 名成员做了一个演讲展示，有关限制性信念和我们的"世界地图"项目。我很紧张，但还是做到了。最近我获得了神经语言程序学的导师资质，我也想把我学到的东西分享给大家。在演讲结束的时候，脑海里突然跑出一个念头说："你就应该做这个，要不就把它作为一个职业吧。"（目前我在银行工作，我是一个……银行职员而已）这个念头在我脑子里转了很久，随后我做的另外一件事也给了我很好的反馈，毫不夸张地说，我现在感觉非常良好。我用 5 秒法则鼓起勇气，走到电脑前给英国最大的女性网络（受我所在的银行，英国劳埃德银行集团管理）发送邮件，请求为他们做一次演讲。我当天也在你的脸书页面发了一条文，好像是："今天又用 5 秒法则促成了一项行动！"长话短说，他们表示非常愿意让我去苏格兰分部进行演讲。事情推进得很快，在那几星期以后我就要演讲了。我紧张死了。老实说，当时我就在诅咒你和 5 秒法则，因为太害怕会搞砸。但最终我做到了，你猜结果怎么样？！我表现很好，还吸引来了一大群没能看我演讲的预约名单（因为演讲厅外的长队被堵在门外，第一场演讲的时间安排以及我演讲的口碑扩散），所以我被邀请去做第二阶段的演讲了！我还接触了不少职业机会和人们的请求，请我帮他们解决限制性信念，为他们的目标（和结果）提供优化建议。这些成果和机会皆因 5 秒法则和我发出去的邮件！

顺带还有一件事，演讲结束的时候，有人问我有什么启发过我的书推荐给他，我立马就推荐了你的《别再说你没事》。

这个方法十分奏效，我也推荐周围的人去尝试实践，看看能到什么地步——也许结果就是他们想要的呢！

乔安妮
银行职员兼心理导师（我想是吧）

己的心，探索你觉得有趣的事。乔安妮是伦敦一家银行的职员，她的事例能很好说明一件小事，比如报班学习，能演变成非凡的新职业规划。从小事中建立做事的动力，这个故事让我印象深刻，来看看这个。

　　随着你的探索激发了动力，你就进入下一个阶段——让你的激情变为全职职业。在某些时候，摄影的副业能成为你的主要生意。你在苏格兰分行的演讲将会带来接下来的全职演讲生涯也不一定。

坚持承诺的勇气

　　对于在什么时候行动，把你的激情所在变成用激情驱动的事业，抑或做出重大生活改变，并没有固定的公式和标准。它需要做好计划和长时间的深刻思考。如果你和我们其他人一样，你会纠结一段时间，在当下和未来生活之间继续徘徊，直到你再也受不了这种徘徊。

　　米哈尔的梦想是开一家公司，这件事是她一直想做的，但一直被搁置。她倒数 5，4，3，2，1，推动自己，宣布开启新业务。现在，她有理由不再按闹钟的小睡按钮了。

> **米哈尔**
>
> 我今天用 5 秒法则宣布开启了我的新生意"骑马肖像"。几年来我一直想做这件事，但总是被搁置。现在我等不下去了，我终于有理由不再去按小睡按钮了！谢谢你，梅尔！

我们都想对起床充满激情，谁也不想每天起床都去按小睡按钮，像米哈尔一样。如果你想学习她迈出人生的一大步，我有几个问题请你问自己，请一定留意问自己这些问题的方式。

你需要对自己问的第一个问题："我准备好了吗？"而不是这样问自己："我感觉准备好了吗？"因为你永远不会觉得准备好了。当你对问题"我准备好了吗"的回答是"准备好了"的时候，你需要 5 秒法则为你做最后的推动执行。

即使当你准备好了，你做的时候也不一定感觉很好。对于这个问题，你可以问问澳大利亚的托德。托德很早就知道他对体育的热爱。他一直梦想进行体育教学，并拥有自己的私人培训业务。高中后，托德知道他想要拿到体育教育学位，但他的父母说："不行，我不同意。"父母要他去学"正经"专业。

4 年后，托德大四了，他的专业横跨法律和商业，但他的心从来没有真正投入进去。正如托德在电子邮件中所描述的那样，有一个"小小的声音"一直在他的脑海里"无声地"回响。他为什么听从父母要求留在那个专业？很简单——感觉在作祟。一想到

让父母失望，他就不知所措。每天他都想要退掉这边的专业，去
另一所大学学习体育，但他觉得自己很麻木。想想，虽然走进教
务处办公室，办理退学手续很容易，但面对父母的失望，却是一
种心灵的打击。

4年来，托德一直想退学，但他不知道如何面对父母失望的恐
惧。5秒法则就是他最终做到这件事的方法。当时他正在法律讲堂
5513室听高级税法的课程，他意识到自己已经"准备好了"。

托德说：

　　我可以跟你说说我有多不爱这个专业：从入学第一天起我
就想着要退学了。但是，最让我不安的是，我竟然允许自己学
到了最后一个学期，于是我决定跟我的生活彻底摊牌了！

托德知道继续妥协下去的后果。

　　我的父母会让我继续读研，然后我就去读研，我会过
上……为其他人而活的生活，而不是为我自己！

他描述了自己采取行动的直觉和做出的5秒钟决定，最终让这
件事做成了。

　　作为行动的开始，我需要办理退学。于是在课堂上我把书

收好，在课堂期间站了起来，离开了课室。

他的身体在颤抖，但他还是向教务处的办公室走去，办理退学手续。然后他坐上车，在离布里斯班以南两小时车程的地方，来到昆士兰科技大学，在那里申请了他梦想的专业。

那个决定性事件已经是 2 年前的事了。托德现在 24 岁，还在教育专业读书，他说："我的生活从来没有这么有趣过。"他成功加入到明年的荣誉教育计划。正如他所说：

> 我找到了我的目标……这才是我这辈子应该一直做下去的事。

至于他的父母，在他告诉他们这个决定的时候，父母非常失望，但是他们对托德的恐惧（不敢告诉父母自己的想法）和度过 4 年不开心的日子感到更失望。

心怀信念

我相信，只要你用心倾听自己的内心，去做自己想做的事，放弃你目前的时间表，你就能让任何事情发生。我最喜欢的书之一是畅销世界的《炼金术士》。它是有史以来最畅销的书籍之一，已被翻译成 80 种语言。我已经推荐了 10 多年了，当我写

《5 秒法则》这本书的时候，我给自己买了一本新版《炼金术士》以激励我，提醒自己："当你跟随自己的心时，整个宇宙都在帮助你。"

当我翻开这本书 25 周年纪念版的时候，我被这本书前言的故事吸引住了。我不知道当《炼金术士》首次在巴西出版的时候，它的销量非常惨淡。

25 年前，《炼金术士》在我的祖国巴西首次出版时，没有人留意它。位于巴西东北的一位书商告诉我，这本书发售第一个星期里，只有一个人买了一本书。他们又花了 6 个月卖出第二本书——买书的人还是那个人！至于第三本书花了多长时间才卖出，没有人知道。

到了年底，所有人都清楚知道《炼金术士》不是一本成功的书。我的出版商决定解除我的职务，取消我们的合同。他们从这个项目中撤下来了，让我把书带走。我当时 41 岁，这让我非常绝望。

但我从未对这本书失去信心，也从未动摇过自己的目标。为什么？因为在做这件事的时候，我正在做自己，完全的自己，从我的心到我的灵魂。我正在建立自己的隐喻。一个人的旅行，梦想找到一个美丽或神奇的地方，追寻未知的宝藏。在旅程的最后，这个人终于意识到，宝藏一直都在他身上。

41 岁陷入绝望？当我读到这一行的时候，我感到非常寒心。这也是我发现 5 秒法则时的年龄，这也是我的深切感受。我的感悟是：发现你的力量，表达你的力量，从来不会太晚。正如作者科埃略在前言中所写，它始于对你自己的一种信念，而这种信念落地于你推动自己的勇气。

我在追随我的个人传奇，而我的财富就是我的写作激情。我想和世界分享这个宝藏。我开始联系其他出版商。联系到一个，这个出版商相信我的书，同意给《炼金术士》第二次机会。慢慢地，通过口口相传，它终于可以卖起来了——3000 册、6000 册、10,000 册，一本一本地卖，慢慢过了一年。

《炼金术士》成了一本现象级巨著，并在历史上留名。它被认为是 20 世纪十佳书籍之一。人们采访作者科埃略，问他有没有想过自己的书能这样成功，他是这样说的：

答案是从没想过。我一点都不知道。我怎么能想到呢？当我坐下来写《炼金术士》时，我只想着把我的灵魂深处写下来。我想写下我寻找宝藏的使命。

如果你有勇气倾听，答案就在你的内心深处。你和所有人一样，你也和其他人都不一样。你有许多优秀的内在可以与世界分享。它以倾听内心为始，以勇达目标为终。

跟随你的心吧。

以勇达目标为终

别只告诉别人你的梦想，
做给他们看。

第 17 章

丰富你的人际关系

> "勇气之行往往是爱的行动。"
>
> 拉丁美洲最具影响力的作家之一 —— 保罗 · 科埃略

对于提升任何关系，我给你的建议只有三个字。

说出来。

我在佛罗里达一家零售经纪公司销售会议上做演讲。演讲结束后，一位名叫唐的高个子男人走到我跟前。他 50 多岁，留有胡子，穿着马德拉斯衬衫和运动外套。他说他想和我分享一些 "我的 5 秒法则" 的故事。

唐用 "5 秒法则自己的版本改变了生活"。他在 "几年前做了一个决定，不要让任何重要的话埋在心里说不出来"。

　　然后他分享了一个故事，他跟随直觉和女儿分享了一件事，而这件事完全改变了他们之间的关系。多年来，他的女儿安布尔和丈夫一直在接济有困难的亲戚。他们还在社区里每个星期做志愿者，还完成了几次服务旅行。

　　唐告诉女儿，他很钦佩他们。他钦佩他们的生活，以及他们为世界提供的榜样。他还说，他为女儿的成长感到骄傲。然后他告诉我："就在我准备说之前。我其实是很害怕的。你也可以想象，我不敢说感人的话，因为我不习惯表露真情。"

　　他说，在那次谈话之后，他和女儿的关系再也不一样了。他们现在比他想象中更亲密，而这段经历激励着他按照这条法则生活：任何重要的东西都不要埋在心里，说出来。

　　拉近关系需要勇气。表达自己的想法，会有触动真情或激怒他人的风险，这看起来很可怕，但结果往往是很神奇的。

　　冒着情绪波动或让别人不快的风险，表达自己的想法是很可怕的，但结果却是不可思议的。去年秋天，我和父亲的交流中也经历了同样的神奇时刻。我刚刚结束了迈阿密的演讲，正在去往机场。随后我看到了爸爸的短信："尽快给我打电话。"

　　怎么这么奇怪，我心想。我给家里打了电话，电话是我妈妈接的。

"嘿，妈，我刚收到爸爸的短信，要我立刻打电话给他。一切还好吧？"

"你应该和他谈谈，我让他来接……"

"等等，妈妈！发生什么事了？"我还想抓住她，但她很快放下了电话。

当她打开厨房门时，我听到厨房门吱吱嘎嘎的声音。她叫着我爸爸："鲍勃！梅尔来电话了！"

我不知道发生了什么。起初，我以为我闯祸了。我坐在那辆出租车的后座上，感觉就像一个即将被禁足的 10 岁小孩。你的头脑能迅速把你带到一个错误的方向，这神不神奇？

不确定性触发了我的焦虑习惯，当时我就进入了"如果循环"：祖母去世了？我做错了什么？爸爸缺钱用？一定是我的问题，我做了什么？

你看到问题所在了吗？不确定性触发了我焦虑的习惯。在不到 5 秒钟的时间里，我已经确信我的祖母去世了、我犯了严重的错误、父亲会对我感到失望，或我即将有大麻烦。

在电话里，我听见后门开了，他正朝厨房走来。他拿起电话，若无其事地说道："嘿，梅尔，谢谢你打电话来，你现在在哪里？"

而我已经在电话的另一头吓坏了。

我在去机场的路上，你的短信吓死我了。我有哪里做错了吗？

他笑着说："不关你事，梅尔。这是关于我的。我想等到确定了再告诉你和你哥。"

我差点没抓稳电话。"你要死了吗？我的天哪，你得癌症了？"

他打断我说："你让我说完……我没患癌症。我长了一个动脉瘤，需要进行开颅手术，在有危险之前把它移除。"

接着，他把来龙去脉告诉我。他在打高尔夫球的时候突然昏倒了。昏倒后他去医院拍核磁共振，发现了动脉瘤。通过这次偶然的机会，他发现了动脉瘤。他本周末会在密歇根大学接受手术。

我在电话另一边僵住了。我的公公死于食道癌。听了父亲的故事，几秒钟后，我立刻想到了公公的手术。当时护士们把他推到曼哈顿的斯隆凯特琳纪念医院做手术，就在护士把他推进两扇门之前，他回头看了看我们所有人。

　　他笑了笑，轻轻给我们招了招手。我们都微笑着向他挥手，我当时给了他一个"赞"的手势。记得当时，我感到一阵恐惧。随着他从那扇摇摇晃晃的门里消失，我们都预想不到，他的手术会变得非常糟糕，并发症最终导致他的死亡。

　　我闪回到当下与爸爸的电话，在出租车里听着爸爸的声音。我想象爸爸也在医院走廊与我们挥手告别，我很害怕。不知道为什么，我想知道爸爸是否也害怕。我直觉上想问他，但立刻犹豫了。我开始在想：

　　　　别问这个，这会让他心烦的。他当然很害怕啦，你个白痴。你要保持乐观积极。给他太大压力，要是太紧张，那个动脉瘤会爆发的。

　　那就是一个推动自己的机会。别把重要的话吞进肚子里。

5，4，3，2，1。

　　　　"爸爸，你害怕吗？"

电话那头一片寂静。我开始后悔自己问这个问题。但后来爸爸说的话出乎我意料。

　　我不害怕。我只是很紧张，但我很信任我的外科医生。你知道吗，梅尔，我真的觉得很幸运。

"幸运？"这是我意料之外的话。

　　是的，我还有机会在有生命危险前进行尝试和补救。如果那天到来，真的有什么事情发生的话，我也不会后悔。看着我妈妈照顾中风后的爸爸，或看着苏茜死于肌萎缩性侧索硬化症真的很可怕。生活质量对我来说很重要。但现在我的生活质量已经比我想象的还好了：我小时候一直想成为医生，所以我成了一名医生；你妈妈和我在一起生活非常美满；然后就有了你哥哥和你。所以我基本达到了我想要的生活。我所能祈求的只是……还能有更多的时间来享受它。

这是我和父亲一起度过的最美好的时刻，如果没有 5 秒法则，我根本没有勇气去问这个问题。我会坐在出租车后座上把所有想说的吞进肚子里。然后他又补充道：

　　事实上，我还想做一件事，我想去非洲。如果我能活到 90 岁，我想学乔治·H. 布什那样在 90 岁生日那天从飞机上跳下来。

他的话把我逗笑了。"你会的，爸爸，肯定会的。"

和父亲的那次谈话让我想起了一些重要的事情。在关系中等待正确的时间是很傻的。想要进行对话、问一些尖锐的问题、说"我爱你"，或者花时间认真倾听，从来没有最好的时机，最好的时机就是现在。

有时候，这不仅仅是一个你需要问的难题。它还能结束你们之间的沉默。科特尼多年与父亲保持似有似无的关系，但她一直想弥补这件事。她并没有像过去那样想到"头昏脑涨"，也没有"想太多"。相反，她使用了5秒法则来相信她的直觉，拿起电话打给她爸爸。她大声对自己说5，4，3，2，1，然后打了电话，这样就做到了。

改变你的生活只需要5秒钟。

> 梅尔，
> 我跟你说，上个月，我听了你在盐湖城的演讲，然后火速跑回家了。实际上我是要和父亲表白的。多年以来，我一直没有对我们的关系做出努力，现在我坐在未婚夫的家里，大声对自己说5，4，3，2，1，赶紧给父亲打电话，并且做到了。我没有像往常一样头昏脑涨或是想太多。谢谢你，你不仅对我的事业有帮助，还给我个人生活带来很大影响。每天早上，我还会用5秒法则来催促自己起床出门跑步。
> 谢谢你！
> 科特尼

迈克常在婚姻中隐藏自己的真实感情。后来他通过5，4，3，2，1找到勇气，更真诚地对待自己。

我和我的妻子再次谈起往常我置之不理的事情，不像以前，因为我的逃避，周围的人纷纷离开了我。而且我对自己更诚实了。这是我最高兴的转变。我可能不是完美的，但我是有价值的。我很惊讶，原来被珍重的感觉是那么美妙的。

迈克

迈克刚刚道出了一个重要的事实。想要被人认为有价值，你必须首先珍重自己的直觉，用你的关注和努力重视它。而安东尼惊讶于鼓起勇气原来这么简单，他鼓起勇气投入进自己以前不敢的关系中去，在婚姻里创造出巨大的改变，让他与妻子的关系更加亲密，同时让自己的需求得到满足。

简单的事情能造就如此大的变化，这真的很神奇。我曾经期望别人能主动了解我的需要，如果他们不能满足我的需求，我会心怀怨恨，特别是和妻子的相处。我还以为所有人的妻子都会读心术，你想象一下我的变化有多大。

通过使用这条法则，简单地去面对往常会回避的东西，我已经取得了很大的进步。现在我正笑着给你打这些字。我与妻子的关系更亲密了，我的需求也得到了满足。以前我不知道，沉默原来就是最大的问题。

安东尼

安东尼说他以前不知道"沉默原来就是最大的问题"。沉默永远是问题所在。把感觉埋在心里会产生心理学上的"认知失调",你埋在内心的真实感受与实际做法之间有所偏差。这些问题会积累起来,随着时间的推移,它们的危害足以破坏你们的关系。

埃丝特尔在"平凡无奇的时刻"就发生了这种不好的事情。她和丈夫一次很无聊的争吵就像"在万籁俱寂的树林里劈开了一根树枝",她立刻做出了反应——"我同丈夫提出了离婚。"她描述道:

> 我的思路突然变得清晰起来,用 5 秒法则说了出来。我可以选择现在就做这件事,或者任我的大脑"为我的冲动踩急刹车"。而在那一刻,我选择了行动。我提出了离婚。回想起来,这个决定直击我想要的方向,但一直以来我总在退缩。

> 这并不是说它其实很容易。我其实从来没有怀疑过我的决定,但这绝对不是件容易的事。在那纯粹该行动的时刻,真正选择自己早就知道正确、表达真实自我的行动,那时候,我才是我自己。离婚以后,我经历了一段黑暗又孤独的日子,但令我惊讶的是,在那些时刻,我从来都不后悔自己选择了离婚。

> 生活中总有必须行动或抉择的时刻。我们有时会选择克制,谨慎行事,不要冒险。而我选择了行动,正是在这个时刻,我

才感到自己的生命力。我也因此找到了自己的灵魂伴侣，更重要的，我找到了真实的自己。

埃丝特尔

我从一开始就说这个法则很简单，但我没说过"说出来"很容易。真实情感是两个人之间最短的距离，也最有可能挽救你们的关系。沉默拉远了你们的距离。正如娜塔莎所发现的，真情能创造真实的情感联结。

娜塔莎

我要说的第一个故事是个小故事。每天，我工作时长超过 10 小时，我往往到了星期四的时候就已经筋疲力尽了。有时候我真心想瘫在沙发上永远不用起来，但我用 5 秒法则重新给自己注入能量，去面对那堆烦琐的破事。我得把厨房的碗给洗了，于是我倒数 5，4，3，2，1，去把碗洗完了。

第二个故事和你出的第二本书有点关联。我在母亲突然得癌症去世后的第一年一直过得很煎熬。我常常因为生活各方面的压力而难受得喘不过气。我不再有往常那份乐观积极的态度了。和男友 3 年的关系也变成了煎熬。每天我都会感觉非常焦虑，总觉得有不好的事情会发生。我担心我和男友的关系没有可持续性，因为当时的我看不到未来有任何希望，只看到消极的一面。2016 年 6 月，意识到自己状况很不好，我决定用 5 秒法则与男友谈一次话。我表达了自己的真实感受，我希望改善现状，但不知道怎么做。男友非常耐心地听我倾诉，我们相互投入时间交流沟通，建立联结。后来，我们寻求亲密关系咨询师的帮助，在我们之间找到新的关系视角。有过这个经历以后，我意识到从前我们存在的问题，我也发现，作为一对情侣，我们关系的恢复力是那么强，假若再遇到关系破裂危机，我也不会再害怕了。这 2 个月以来，我们一直在加深巩固我们的关系，我也不用活在担忧恐惧中了。如今，我对我们之间的沟通对话是足具自信的！还有一件事让我对生活更加积极自信，就是这个周末，男友向我求婚了！我毫不犹豫地答应他了，真心说来，我从来没有这么幸福过！在找男友进行第一次对话的时候，我没有想过能有这么好的结果，但当时我知道，我有必要说出自己的真心话，而后静待成事在天。而真诚的结果对我来说实在太好了！我很幸运，没有任恐惧控制住自己。

谢谢你能看我这篇长信！

　　娜塔莎在母亲突然去世后，面对混乱的生活不知所措。她再也找不到积极乐观的情绪，她只能看到更悲观的未来。她很担心和男友之间的关系，所以用了 5 秒法则，在 5，4，3，2，1 之间，说出内心的感受，说他们的关系没有可持续性。她说出了自己的真实感受，但结果反而很好。她的话并没有把这段关系搞砸，反而让他们更亲近了。他们现在订婚了。

　　在关系中，随着时间如水流淌，我们往往会忽略每天小事中所蕴含的巨大力量。最近发生的一些事情让我知道了慢下来的重要性，让我驻足当下，让我勇于"说出来"，让我去面对和我说话的内心。

　　有位先生在听了我的演讲后，给我发了一条脸书信息。请我去看一位叫乔希·伍德拉夫的家庭成员的纪念页面。他觉得乔希是一个人生活完满的典范，也能很好地体现 5 秒法则的力量。

　　在直觉的驱使下，我点进了脸书上的纪念页面。我看到的第一个是一位玛丽女士的帖子。这是个美好的帖子，写了我们都向往的亲密关系和与人的联结感，可阻挡我们相互亲密的脚步常常是些很愚蠢的事情。一个星期前，乔希在新奥尔良被肇事逃逸司机撞倒去世，玛丽在杂货店里看到过他，但没有对他说过什么。现在就让她来告诉你这个故事吧。

乔希和我儿子贾里德自二年级起就是好朋友，他们家在我们眼里就是最亲爱的朋友、最值得尊敬的朋友。

就在乔希去世前一个星期，我在杂货店里撞见他两次。第一次，他和往常一样静静地离开了，我当时想的是："乔希啊，他应该是回家过圣诞了吧。"但我没有和他打招呼，因为不想在商场里大声喧哗。就在这一星期，我又见到他，当时他戴着绒帽，笑着跟别人聊天。这次他离我距离更近，但我还是没跟他说什么，因为当时我没有化妆，衣服穿得也很随便，只想迅速在商店里挑好东西快点离开，最好别遇见什么人。当时我还在想："这么巧，一星期在这里撞见两次。"于是我默默地祝他们一家过个好圣诞。

听到他的死讯以后，我非常非常后悔自己当时没和他好好说话。我从来没想过那是和他最后一次见面，但留在我心里的最后一次见面，是他那灿烂阳光的笑脸。

上星期，我在塔吉特百货遇见了一个朋友珍尼，我静静地离开了。我走出门的时候想起了乔希，当时我也急着做事，没有什么好停下来说话的理由，但我又想起了乔希。于是我转身在走廊里喊："嘿！珍尼！……"

　　玛丽的帖子对我们来说是一个警醒。我们不是总有机会能等到下一次。当你想说的时候——就说出来。我联系了乔希的妈妈凯伦，她也和我分享了一个关于乔希的故事。

　　　乔希不会害怕别人的情绪。在他十几岁的时候，他外婆被诊断出患有癌症，我知道她快要离开我们了。有一天，我独自坐在房间里痛哭。乔希走了进来，问我怎么了，然后用眼睛盯着我。他没有看向别处，也没有坐立不安。他就坐在那里听着我说。从那一天起，我们开始从母子关系变得更像朋友了，因为他会花时间来倾听我作为一个个体的心声。

　　很可惜，我没有机会见到乔希。他听起来像个了不起的人。正如凯伦所描述的那样，"乔希就是一个典范。他听从了自己的心声，及时采取行动。在他死后，我们都觉得，他没有因为什么犹豫不决的事而留下什么遗憾"。

她在给我的邮件中附上了乔希给她和丈夫的短信，就在新年前夕，在他被杀的几小时前的短信。凯伦说："他想到了，就立刻说出来。我们这辈子都会珍重他发出的这条短信。"

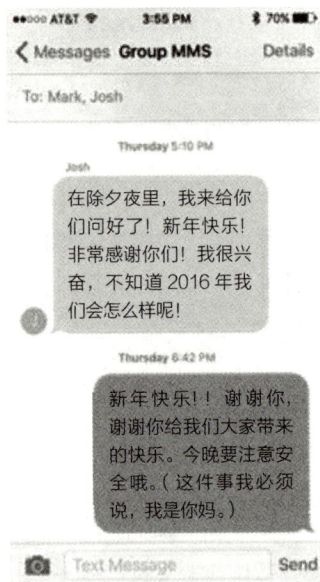

●●○○○ AT&T 3:55 PM ✻ 70% ▪️

‹ Messages Group MMS Details

To: Mark, Josh

Thursday 5:10 PM

Josh

在除夕夜里，我来给你们问好了！新年快乐！非常感谢你们！我很兴奋，不知道 2016 年我们会怎么样呢！

Thursday 6:42 PM

新年快乐！！谢谢你，谢谢你给我们大家带来的快乐。今晚要注意安全哦。（这件事我必须说，我是你妈。）

📷 Text Message   Send

任何重要的东西都不要埋在心里。

5，4，3，2，1，说出来吧。

只要有追寻的勇气，一切梦想都能成真。
——华特·迪士尼

解锁你手中的力量

"孩子，你内心一直都充满着力量，你只是要学着怎么去利用它。"

《绿野仙踪》中的"北方善良女巫"格林达

就在今天，有许多不可思议的事情会发生。

有位女士要辞掉她的工作，因为她真的很讨厌这份工作。她虽然很害怕，但无论如何都会递上辞呈；另一位男士会取消他的婚礼，即使他知道他会被人怨恨一辈子；一位56岁的兽医将开始她的第一个业务，作为一个高龄应用开发者，她将推出她的第一个App；还有一个15岁的孩子要开始写他的第一本烹饪书。

一位银行职员要去申请她一直想要的行政职位，她没有100%的资格，但这并不能阻止她去争取她想要的；那位酒吧里的男人要离开他安全的朋友堆，穿过酒吧去和一个美女搭讪，开始他肯定会觉得非常紧张，但结果会比他预想的要好。

他们都知道自己可能会失败，可能会摔得一塌糊涂，但他们还是会这么做。尽管内心的感觉一直在嘶吼："别去做！"他们还是不断把自己往前推进。他们也会感到害怕，但依旧勇敢行动。

问题是，他们为什么要这样做？答案很简单：他们知道达至伟大的奥秘。当你内心在向你说话的时候，请尊敬它的声音，5，4，3，2，1，并行动。他们也知道，我们还有另一种选择，但这个选择后果令人心凉：你要与想达到的一切擦肩而过。任由日子麻木地过去，错过生活的魔力、错过机遇、错过生活能给你提供的所有快乐。而你要冒的最大风险是什么？那就是到死还没试过用力地活着。

在加利福尼亚州的丹绝不会让这种事发生。他刚刚注册了金融暑期班。想到自己是一名 44 岁的大一新生，这有点令人望而生畏，但不管怎样，他还是去做了。因为做自己想做的事，"永远不会太老"。这就是伟大意义所在。

> 😊 **丹**
>
> @梅尔·罗宾斯 去你的 #5 秒法则！# 我现在已经报名了暑期课程了。
> #44 岁的大一新生 # 永远不会太老 # 商业 # 金融 #

在檀香山，雪莉在失去丈夫后重新开始生活。在过去的 4 年里，她让太多的"5 秒窗口机遇被白白浪费掉了"。现在，她在练习每日勇气。她开始做一些小事情……重新开始走路。这一改变为她打开了已经关闭多年的大门。

雪莉

我想跟你说，你让我重新开始走起来了。现在我在怀基基海滩一端的公园里。谢谢你，梅尔。爱你。

在加利福尼亚州的圣塔莫尼卡，朱莉很害怕打电话，因为她总会很紧张。但她利用 5 秒法则来逼自己去打电话，最终她得到了两件事：争取到 5000 美元来帮助治疗胰腺癌，以及极大的自信心。

☺ **朱莉**

@ 梅尔·罗宾斯 谢谢你，有了 #5 秒法则 #，我才能赢得这场 # 抗击胰腺癌的募捐战！#

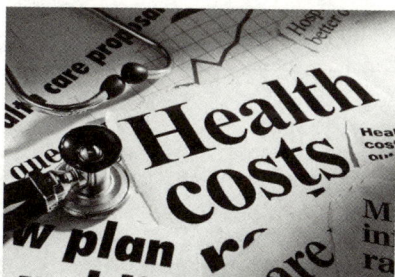

在印度的新德里，布吉利让 5 秒法则帮他去冒一个大险，这个险能让他迅速成长。他现在总会"竭尽全力"去做事，这要归功于 5 秒法则。对于我们 44 岁的大一新生丹，他有一条建议：继续推动自己。布吉利知道每日勇气的力量，因为他刚刚拿到了他的学士学位。

☺ **布吉利**

你好梅尔！你的 5 秒法则在我的工作和生活上都起到很大作用。鼓起勇气冒险、不断告诉自己要行动，得到的结果真是太棒了。我曾是一名内向者，现在我在人际关系中找到了属于自己的平衡点。我其实是喜欢说话的，没有 5 秒法则，我可能不知道这一点。有 5 秒法则的陪伴，我冒了不知多少的险，这些险也让我成长了许多。我一直都会竭尽全力的，而结果也会非常好。现在我得到了我的学士学位。

　　在一星期高压工作后，凯瑟琳只想放松，想好好享受一杯，不去管那些屁事，但她倒数 5，4，3，2，1，驱车开过了酒吧。这一选择真让人捏了一把汗，但在那一刻她赢了。正如凯瑟琳所说："尽管只是过酒吧而不入这件小事，我也觉得是一种胜利。"的确如此。

亲爱的罗宾斯小姐：

这星期五开车回家的时候，我只想到你的 5 秒法则，还有你说的，你必须在困境中推动自己，才能脱离困境。我家离公司挺远的，所以我有时间在路上好好思考。我所在的企业工作环境非常高压，是纯粹结果导向。我只得每天超时工作。我下午 2 点下班，所以这个星期五，周末快到了，我通常会和朋友约在酒吧，一群女人一起喝酒，一起吐槽工作上的苦差事。但最近我越来越觉得每星期的酒吧之约没给我带来什么，它只是我麻木大脑的借口，我感觉自己正在逃避生活，把自己藏在孟买蓝宝石（一种金酒）里（尽管它们很好喝，但是这些琼浆玉液也不是玩捉迷藏的好地方）。下班出门的时候，我知道自己等会儿会去酒吧，于是我笑了："这可不是推动自己的意思啊，不行，我不想回家。"我意识到你说的非常对。是的，我不想回家，不想回去算我的账，面对我无所谓的生活态度，我好想撒手不干，去好好喝一杯，不去理那些破事……但我必须去面对。沿路我看到许多熟人的车子停在了酒吧停车场，但我还是继续往前开了，相信我，刚刚一个油门，真为自己捏了一把汗。

尽管只是过酒吧而不入这件小事，我也觉得是一种胜利。我回到家打开电脑，查看我的账目，做了一个计划地图。像你说的，我是一个长跑运动员，在训练超级马拉松的时候受伤了，一个致命伤，我退出了训练，我讨厌健身……真的很讨厌，但我尝试慢慢回去训练（尽管我对它的厌恶没有减少）。在决定行动以后，我让运动员同事帮我在本地论坛里找了一个医生。医生告诉我这个致命伤是能治好的，我能在 2017 年春天回到赛场上。

这个邮件也和 5 秒法则有关，我不知道你能不能看见，但我还是把这个故事写下来发给你。

希望你有个精彩周末。

凯瑟琳

　　在明尼苏达，凯莉做了一个 5 秒的决定，她梦想了多年，现在终于要对自己的心开始行动了。她要搬到法国，现在她已经决定了，恐惧也消失了，就像罗莎·帕克斯说的那样，她会把她的大脑投入

到解决事情的细节上，而不是让恐惧阻挡自己。

> **梅尔**
> 谢谢你告诉我 5 秒法则。我现在要搬去法国了。
> 凯利

　　在英国伦敦，史蒂夫患有创伤后精神障碍症，他想在坐渡轮的时候结束自己的生命。他的直觉告诉他要去寻求帮助，于是 5 秒法则"闯进来了"，他远离了栏杆，向渡轮上工作的乘务员求救。在他生命中最低潮的时刻，承认自己在抑郁中迷失了方向，但在不到 5 秒的时间里，他就发现了拯救自己生命的勇气。

> 😊 **史蒂夫**
>
> @ 梅尔·罗宾斯 你今天救了我一命，我正在跳船自杀的紧急关头，这时 5 秒法则闯了进来。谢谢你。
>
> 😃 **梅尔·罗宾斯**
>
> 史蒂夫，如果你需要帮助，记得发邮件给我，hello@melrobbins.com，我们都在这儿帮你。
>
> 😊 **史蒂夫**
>
> 谢谢你，现在我正接受着帮助。

最后，是詹姆斯的故事……

史蒂夫的故事深深地打动了詹姆斯。詹姆斯的小弟在一年前自杀了。正如詹姆斯所写："我也希望弟弟能知道5秒法则。我改变不了过去的事情，但我改变得了自己。"他用5秒法则找回勇气继续生活："是时候继续往前走了，继续回到我的激情所在，回到跑步上。"詹姆斯做了一个5秒决定，他现在在跑100码（一码=0.91米），5，4，3，2，1，作为对弟弟帕特里克的纪念。

🙂 **詹姆斯**

谢谢你。这次座谈会深深打动了我的心。2015年6月8日，我亲爱的弟弟自杀身亡了。我曾经跑过18个半程马拉松，还有2个全场。自他去世以后，我再也跑不动了。跑步是我逃离喧嚣、内省和思考的时刻，但弟弟死后，我再也不想去想了。

你讲了一个经历创伤后精神障碍症的士兵，在准备跳桥的时候用5，4，3，2，1放弃自杀，继续生活的故事。这打动了我，和我靠得很近。我也希望弟弟能知道5秒法则。我改变不了过去的事情，但我改变得了自己。

是时候继续往前走了，继续回到我的激情所在，回到跑步上。我一直挣扎着要去跑100码来纪念弟弟，但一直没能够推动自己真正做成这件事。

今天，我正用5，4，3，2，1的方式来纪念我的弟弟。

谢谢你！我会熬过去的。

"现在你被指派到这座山上，那么，就用自己证明山真的能移动吧。"

詹姆斯

这句话刚好能陪我重新回到正轨。我把它贴在桌边天天看着它。希望它能不断提醒我，我可以移开我面前的大山！

#纪念帕特里克 #不再自杀 #大声说出来 #你是最棒的#

是的，你可以移山。不管现状如何，你都要相信。这就是你的生活，它不会从头开始，你也不能改变过去，但只要5秒钟，你就能改变未来。

这就是每日勇气的力量。当你的心在对你说话时，请珍重它，5，4，3，2，1，动起来。鼓起一时勇气，你可以改变一天；一天天的改变，能影响你的生活，你的生活可以改变世界。

你内心有伟大之处。现在是揭晓答案的时候了。

5，4，3，2，1，去吧!

5 秒法则

每当你的直觉向着一个目标做出行动计划，
你就要 5，4，3，2，1，
动起来，不然你的大脑就会来阻止你了。

图书在版编目（CIP）数据

5秒法则 /（美）梅尔·罗宾斯（Mel Robbins）著；李佳蔚译 . — 长沙：湖南文艺出版社，2018.7
书名原文：The 5 Second Rule
ISBN 978-7-5404-8753-9

Ⅰ . ① 5… Ⅱ . ①梅… ②李… Ⅲ . ①自我管理—通俗读物 Ⅳ . ① C912.1-49

中国版本图书馆 CIP 数据核字（2018）第 125839 号

著作权合同登记号：图字 18-2018-076

The 5 Second Rule
Transform Your Life, Work, and Confidence with Everyday Courage
© 2017 by Mel Robbins
All Rights Reserved
Published by arrangement with United Talent Agency, LLC, through The Grayhawk Agency Ltd.

上架建议：心灵励志·成功心理

5 MIAO FAZE
5 秒法则

作　　者：［美］梅尔·罗宾斯（Mel Robbins）
译　　者：李佳蔚
出 版 人：曾赛丰
责任编辑：薛　健　刘诗哲
监　　制：蔡明菲　邢越超
策划编辑：李彩萍
特约编辑：尚佳杰
版权支持：文赛峰　孙宇航
营销编辑：张锦涵　傅婷婷
封面设计：潘雪琴
版式设计：梁秋晨
出版发行：湖南文艺出版社
　　　　　（长沙市雨花区东二环一段 508 号　邮编：410014）
网　　址：www.hnwy.net
印　　刷：三河市中晟雅豪印务有限公司
经　　销：新华书店
开　　本：880mm×1270mm　1/32
字　　数：181 千字
印　　张：8.5
版　　次：2018 年 7 月第 1 版
印　　次：2018 年 7 月第 1 次印刷
书　　号：ISBN 978-7-5404-8753-9
定　　价：45.00 元

若有质量问题，请致电质量监督电话：010-59096394
团购电话：010-59320018